Cosmique

Cosmic

Farida Bouri Mihoub

©Farida Bouri Mihoub
Art by Akim Bouri, Redouane
Bouri, Abdelouahab Mihoub
Published by FlowerPublish
ISBN 978-1-989352-10-6

Flowerpublish
www.flowerpublish.com
Montreal, Canada

Dedication

I dedicate this book to my father Sid Ahmed Bouri, my brothers Redouane and Abdellatif, gone too soon and whom I'll never forget and cease to love.

Dédicace

Je dédie ce recueil à mon père Sid-Ahmed Bouri, mes frères Redouane et Abdellatif, partis trop tôt et que je n'oublierai jamais ne cesserai d'aimer.

Acknowledgements

First, I wish to thank my publisher, MaryAnn Hayatian, who trusted me and put up with me. I express my special thanks to my husband Houba for his collaboration with his artwork and his support. My children, Adem, Samir, and Leila. Ali her husband, Dhamir and Naïri, my grandchildren, Fousilla, Yazid, Zineb, Rachida, Farid, Nadjia, Chaib, for their unconditional support. I also thank my mother, my nieces Raissa and Rania, as well as all my nephews and ther children for having to bear with me.

I also thank my giants and magicians who gave me wings (by alphabetical order) : Said Bachir, Adbelkrim Benbahmed, Reda Benlekhal, Reda Boukroufa, Ahmed Boutache, Karim Cherifi, Ali Feraoun, Yassine Kedjar, Hamana Khanfar, Arshad Mahmood, Abdelhamid Mazri, Farida Melhenas, Nourredine Melikechi, Karim Metidjina, Sidali Nouar, Idir Saci, Amghar Mohamed Serghini, Hélène Therre, Dr Wazir Khan, Pr Mustapha Yakoubi, for being my jackpots, my inspirators and friends.

Remerciements

Je remercie en premier lieu mon éditeur, MaryAnn Hayatian, pour sa confiance et pour m'avoir soutenue. Je tiens à remercier tout particulièrement mon mari Houba pour sa collaboration avec ses tableaux et son soutien. Mes enfants, Adem, Samir et Leila. Ali son mari, Dhamir et Naïri, mes petits-enfants, Fousilla, Yazid, Zineb, Rachida, Farid, Nadjia, Chaib, pour leur soutien inconditionnel. Je remercie également ma mère, mes nièces - Raïssa et Rania - ainsi que tous mes autres neveux et nièces et leurs enfants, pour m'avoir supporté.

Je remercie également mes géants et magiciens qui m'ont donné des ailes (par ordre alphabétique) : Said Bachir, Adbelkrim Benbahmed, Reda Benlekhal, Reda Boukroufa, Ahmed Boutache, Karim Cherifi, Ali Feraoun, Yassine Kedjar, Hamana Khanfar, Arshad Mahmood, Abdelhamid Mazri, Farida Melhenas, Nourredine Melikechi, Karim Metidjina, Sidali Nouar, Idir Saci, Amghar Mohamed Serghini, Hélène Therre, Dr Wazir Khan, Pr Mustapha Yakoubi, et pour avoir été mes jackpots, mes inspirateurs et mes amis.

TABLE OF CONTENTS

Cosmique

Il y a des mots qui

Qui en les écoutant

Donnent des frissonnements

Par exemple, spatial,

Étoile, astral ou sidéral

D'autres sont exaltants

Presque enivrants

Emprunts de sentiments

Par exemple romantique,

Utopique et mythique

Mais les mots qui secouent le plus

Et dont l'effet est absolu

Sont ceux qui conjuguent

Tous ces attributs

Parce qu'ils sont hypnotiques

Magiques

Cosmiques

Cosmic

Some words give shivers

Just by whispering them

For example, spatial,

Star, astral or sidereal

Others are exhilarating

Almost intoxicating

Adorned with feelings

For example romantic,

Utopian and mythic

But the words that

Shake me the most

Whose effect is absolute

Are those who combine

All these attributes

Because they are hypnotic

Magical

Cosmic

Alphabet

La mère portait sur son dos

Son enfant serré contre elle

Attaché avec un châle

Coloré et en lambeaux

Impossible de dire

Si elle avait pleuré

Tant elle avait l'air fatiguée

Savait-elle au moins

Combien ses pieds avaient marché

Pour fuir ce pays en guerre ?

Non, car elle ne savait pas compter

Savait-elle au moins où elle allait ?

Non, car elle ne savait par lire

Savait-elle au moins

Si on allait l'accueillir

Quand elle demanderait

Un petit sourire ?

Non, car elle ne savait pas écrire.

Alphabet

The mother was carrying
Her child tight against on her back
Tied with a colorful
And ragged shawl
It was impossible to say
If she had cried
She looked so tired
Did she at least know
How much her feet had walked
To escape this country at war?
No, because she could not count
Did she at least know
Where she was going?
No, because she could not read
Did she at least know
If she would be welcome
When she would ask
For a little smile?
No, because she couldn't write

Abracadabra

J'ai rencontré un magicien

J'étais perdue, il m'a prise par la main

Il a soufflé sur mon chagrin

Et l'a transformé en jardin

Puis, il a écrit dans mon cœur

Les mots qui étaient dans le sien

Comme un pasteur ou un rédacteur

Leur a donné une odeur de parfum

Quand il m'a vu pleurer

Il a sorti de sa poche

Une baguette enchantée

Qui révéla un carrosse

Émerveillée et fascinée

Je le pris dans mes bras

Pour le serrer et le remercier

De tous ses abracadabras

En partant il m'a juste regardée

Et sans mot dire s'est envolé

Pour rêver et préparer

Le jour où il viendrait me chercher

Abracadabra

I met a magician
I was lost, he took my hand
He blew on my grief
And turned it into a garden

Then, he wrote in my heart
The words that were in his
Like a pastor or a publisher
He gave them a scent of perfume

When he saw me cry
He took a golden wand
Out of his pocket
And offered me his secret

Amazed and fascinated
I took him in my arms,
Hugged and thanked him
For all his abracadabras

When he left, he just looked at me
Without a word, he flew away
To dream and prepare
The day when he would come and take me

Absence

Papa disait toujours

Ma fille ne fait jamais

Confiance à personne

Ses mots résonnent encore plus forts

Maintenant qu'il n'est plus là

Lui savait qu'un jour je verrai des étoiles

Que tu gagnerais le combat

Pour me garder auprès de toi

Comme Pénélope

Il savait que tu entrerais dans ma vie

Comme Apollon ou Jason

Et que je deviendrai ta Vénus

Aussi précieuse qu'un Stradivarius

Et plus belle qu'un Hibiscus

Il savait que le Soleil

Pouvait être aussi froid

Qu'une maison sans toit

Et que le bonheur acquis

Aussi malin qu'Hermès

Pouvait trahir ses promesses

Non, je ne pleure pas

Je me demande pourquoi

Après tous ces combats

Tu n'es plus là

Absence

Dad used to say

Never trust anyone

His words echo even louder

Now that he's gone

He knew that one day

I would see the stars

That you would win the fight

To conquer me like Penelope

He knew you would bang into my life

Like Apollo or Jason

That I would become your Venus

As precious as a Stradivarius

And more beautiful than a Hibiscus

He knew the Sun could be as cold

As a house without a roof

And that our blessed happiness

As smart as Hermes

Could betray its promises

Don't worry, I'm not crying

I'm just wondering why

After all these fights

You are no longer here

Agilité

Tu as vécu des choses incroyables
Je peux le voir quand tu me regardes
Tu prends cet air pitoyable
Je fais semblant d'être adorable

Quand je te demande de me raconter
Tu tournes la tête de l'autre côté
Et fais semblant de ne pas m'écouter
Mais je sais que tu es chamboulé

Si seulement tu t'ouvrais à moi
Et me racontais ton histoire
Je pourrai peut-être t'extraire du noir
Et te donner un peu d'espoir

En hiver, les arbres sont dépouillés
Puis l'été vient les rhabiller
Le ciel gris et déprimé
Redevient bleu et sublimé

Le temps s'étire et est subtil
Il fait un grand écart agile
Comme un contorsionniste
Ou une ballerine versatile

Tourne la page et écris ta vie rêvée
Ton livre est loin d'être achevé
Il y manque la finesse et la facilité
Dans lesquelles tu devras t'étirer

Flexible

You've been through incredible things
I can see it when you look at me
Face to your gloomy eyes
I pretend to be lovable

When I ask you to tell me
You turn your head aside
And pretend not to hear me
But I know you're dismayed

Please open up to me
And tell me your story
I may give you some light
Or some kind of hope

In winter, the trees are barren
Then summer comes and they dress again
The grey and depressed sky
Becomes blue and gifted

Time stretches and is subtle
It makes a big agile gap
Like an acrobat
Or a versatile ballerina

Turn the page and write your life
Your book is far from finished
It lacks finesse and ease
In which you will have to stretch

Équilibriste

Quand tu prendras ton café
N'oublie pas de penser à moi
Si ce n'est pas trop te demander
Parce que je ne serai plus là

Ah oui ! Et aussi réveille
Nos enfants gentiment
Affectueusement
Parce que je ne serai plus là

Dis leur de ne pas être tristes
De commencer la journée
Comme des équilibristes
Et de ne pas tomber

S'ils demandent après moi
Dis-leur que je vais bien
Parce que même si je suis loin
Je les vois

Acrobat

When you have your coffee

Don't forget to think of me

If it's not asking too much

Because I won't be here anymore

Ah yes! And also wake

Our children kindly

Affectionately

Because I won't be here anymore

Tell them not to be sad

To start the day

Like tightrope walkers

And not to fall

If they ask about me

Tell them I'm fine

Because even though I'm far away

I can see them

Anéantie

Hier je me suis énervée
En regardant la télé
J'aurai pu la casser
Tant j'étais exaspérée

Ils disaient que bientôt
Les saisons seraient une illusion
Que l'été deviendrait une vision
Et l'hiver une élucubration

J'étais tellement en colère
Que mes paroles hurlées dans l'air
Auraient pu provoquer un tonnerre
Et faire trembler la terre entière

Plus rien ne tourne rond
Nous ignorons où nous allons
Et un jour nous le paierons
Au prix fort de la destruction

Comment oser nous imposer
Un monde sans bleu ni vert
Un ciel triste et perdu dans l'univers
Et des parterres sans feuilles d'hiver ?

Lorsque je te l'ai raconté
Tu m'as dit ne t'inquiète pas
Je serai toujours à tes côtés
Pour te réchauffer et t'aimer

Wretched

Yesterday I got angry
Watching TV
I could have smashed it
Out of exasperation

They said that soon
Seasons would be an illusion
Summer would become a vision
And winter a fiction

I was so angry
That my screams
Could have caused thunder
And made the whole earth tremble

Nothing makes sense anymore
We don't know where we're going
And one day we will pay
For our arrogance

How can they dare impose
A world without blue or green
A sky lost in the universe
And flowerbeds without winter leaves?

You told me "Don't worry.
I'll always be by your side
To warm and love you"

Au secours !

Ne rentre pas tard ce soir

Ferme ce bureau et quitte le boulot

Je m'en fiche des objectifs

Des bénéfices et des profits

Sauve-toi tel un fugitif

Dis-leur que je t'attends

Ou bien sois inventif

Tout en faisant semblant

Je veux que tu accoures

Lorsque je crie au secours

Bravant tous les dangers

Montant les escaliers

Que tu sois enflammé

Comme un pompier essoufflé

Qui se précipitera

Défoncera la porte

Et trébuchera

En tombant dans mes bras

Help!

Don't come home late tonight

Close your office and leave work

I don't care about your objectives

Your aims and your profits

Flee like a fugitive

Tell them I'm waiting

Or be inventive

While pretending

I want you to come rushing

When I call for help

Braving all dangers

Going up the stairs

Like a breathless firefighter

Who will rush

Break the door

And stumble

Into my arms

Bang

Hier tu m'as demandé de lire ton cœur

Je me suis penchée lentement comme un docteur

Pour découvrir ses secrets et ses profondeurs

Tu m'as regardé avec tendresse et pudeur

Pendant que je jouais mon rôle d'examinateur

Quelle ne fut pas ma surprise d'y déceler d'abondantes couleurs

Des dédales de douleurs et des pics d'honneur

Accompagnés de labyrinthes de valeurs

Je me suis rapprochée comme un malfaiteur

Pour écouter tes battements baladeurs

Et surveiller ton rythme de chaleur

En me relevant j'ai vu que toutes les lueurs

De la veilleuse t'avaient emporté ailleurs

Alors, je t'ai caressé les cheveux en douceur

Avec cet cette impression que je t'avais rendu heureux

J'ai attendu que tu sombres avec lenteur

Là où les rêves t'emportent sans frayeur

Avant de fermer la porte comme un précepteur

Et le sentiment que j'avais saupoudré du bonheur

Bang

Yesterday you asked me to read your heart

I bent down slowly like a doctor

To discover its secrets and its depth

You looked at me tenderly and modestly

While I played my role of examiner

What was my surprise to find so many colors

A maze of pain and peaks of honor

Accompanied by labyrinths of values

I came closer like a criminal

To listen to your heartbeats

And screen your rhythm and its heat

When I got up, I saw that all the glimmers

From the nightlight had taken you elsewhere

So, I stroked your hair with grace and prayers

With this feeling that I had made you happy

I waited for you to sink slowly

Where dreams take you without fear

Before closing the door like a tutor

And the feeling that I had spread happiness

Beauté divine

As-tu déjà vu quelque chose de si beau
Que tu en as perdu tes mots ?
Comme ce soleil tel un flambeau
Géant, majestueux et scintillant
Qui éblouit tellement tes yeux
Que tu dois mettre ta main devant

As-tu déjà entendu des mots si doux
Mais plus forts qu'un coup de grisou
Te donner des sursauts comme des coups
Te faire tomber à genoux
Comme dans une danse vaudou

Moi je les ai vus et entendus.
Je peux te les décrire.
Ce sont la brume du matin
Sur un tapis de satin
Qui frôle et rejoint
Le brouillard sorti de ses confins
Ce sont tes paroles la nuit
Qui ondulent en lettres dorées
Que tu disperses sans bruit
Sur mon corps ébahi
Dans mes soupirs hallucinés
Pendant notre tendre insomnie

Divine beauty

Have you ever seen anything so beautiful
That you are at a loss for words?
For example, this sun like a torch
Giant, majestic and sparkling
That blinds your eyes so much
That you need to cover them with your hand

Have you ever heard such sweet words
Stronger than a blast
Giving you bursts like blows
Making you fall on your knees
Like in a voodoo dance?

I have seen and heard them,
Let me describe them to you.
They are the morning mist
On a satin carpet
That borders and joins
The fog out of its confines
They are your words at night
Which undulate in golden letters
That you spread silently
On my stunned body
In my hallucinated sighs
During our tender insomnia

Beauté

Tu m'as demandé

C'est quoi la beauté ?

Je t'ai répondu

Attends, je vais te l'expliquer

C'est comme un mot

Raccommodant un cœur déchiré

C'est comme une caresse

Essuyant des yeux qui pleurent

Mais aussi et encore

Une main qui propose

De gommer ta douleur

Une musique qui implore

De décréter la paix

Une guerre où le vainqueur

Sera toujours l'Amour

Alors tu vois, ma Belle,

C'est ça la beauté.

Beauty

You asked me
What is beauty?
I answered, wait,
Let me explain it

It's like a word
Mending a broken heart
It's like a caress
Wiping away tearful eyes
But also and again
A hand that offers
To erase your pain
A music that implores
To rule peace
A war where the winner
Is always Love
So, you see, my Dear,
That's what beauty is all about.

Big Bang

Le chef d'orchestre est arrivé
Et nous a demandé de danser
J'ai commencé à tournoyer
Comme dans un conte de fée

Le grand Maestro dit que c'est génial
D'imaginer des flammes et des étoiles
En écoutant ces notes en pagaille
Qui percent le cœur avec ses cymbales

Comme dans les échelles du Levant
Ou les plus grands volcans
La féérie nous laisse incandescents
Nous envoyant des anges volants

Apparaissent soudain des caresses divines
Des astres qui nous illuminent
De lueurs cosmiques et magiques
Comme dans un film fantastique

Tu me regardes et me dévores
Comme une mine d'or ou un trésor
La danse devient une farandole
Que couvrent tes baisers en la bémol

Big Bang

The Maestro has arrived
And begged us to dance
I started spinning round
Like in a fairy tale

The great Maestro says it's great
To imagine flames and stars
While listening to these notes that plummet
And pierce the heart with their cymbals

As in the ladders of the Levant
Or the largest volcanoes
The enchantment leaves us incandescent
Sending us flying angels

Suddenly, divine caresses appear
Stars enlighten us
With cosmic and magical glows
Like in a fantastic movie

You look at me and engulf me
Like a gold mine or a treasure
The dance becomes a farandole
With our kisses in A flat and wonder

Captivant

J'ai un homme extraordinaire
Qui m'offre des fleurs et des cœurs
Et qui ne voit pas mes pleurs

Il ne sait pas que chaque pétale
Est une ode à son cœur
Et m'apporte du bonheur

Il ne me voit pas dévisager leur couleur
Et me délecter de leur odeur
Il ignore que je salue leur grandeur
Et qu'elles me regardent avec pudeur

S'il savait que je me noie dans leur splendeur
Il pourrait devenir braqueur ou cambrioleur
Pour dérober ma stupeur
Ou serviteur ou seigneur
Pour m'aimer comme un enchanteur

Captivating

I have an extraordinary man
Who offers me flowers and hearts
And who doesn't see my tears

He doesn't know that each petal
Is an ode to his heart
And brings me happiness

He doesn't see me staring at their color
And revel in their smell
He does not know that I salute their greatness
And that they look at me with shyness

If he knew I was drowning in their splendor
He could become a thief or a burglar.
To steal my stupor
Or a servant or a Lord
To love me like an enchanter

Cela n'existe pas

Un jour tu seras grand

Et tu comprendras

Combien c'est important

D'être fidèle à soi

Non seulement cela

Mais tout en avançant

Sois tu trébucheras

Soit tu te relèveras

Et tu devras lutter

Pour ne pas regretter

Les choix bons ou mauvais

Qui se sont présentés

Alors, tu t'apercevras

Que vivre et oublier

Cela n'existe pas

Qu'aimer sans partager

Cela n'existe pas

This doesn't exist

One day, you will grow up

And understand

How important it is

To be true to yourself

Not only that

But while moving ahead

You will either stumble

Or try to stand up

And you'll have to fight

Not the regret the choices

Good or bad that you made

Then you'll realize

That living and forgetting

Does not exist

That loving without sharing

Does not exist

Célébration

J'ai l'honneur de t'inviter

Et de te souhaiter

La bienvenue dans ma vie

Regarde, tu ne vas pas t'ennuyer

Chaque jour sera nouveau

Nous irons nous promener

Dans des forêts peuplées d'oiseaux

Qui mêlent leurs notes comme des maestros

Chaque matin sera un cadeau

Que nous ouvrirons émerveillés

Il nous remerciera de ses bravos

Joyeux, heureux et comblé

Le soir, sous les cieux royaux

Nous pourrons admirer

Les étoiles en cerceaux

Comme un tableau

De Picasso

Celebration

I have the honor to invite
And welcome you in my life
Look, you won't be bored.

Every day will be new
We'll go for walks
In forests full of birds
That sing their notes
Like gifted maestros

Every morning will be a gift
That we'll open with wonder
It will thank us with applauses
Joyful, happy, and blessed

In the evening
Under the royal skies
We'll admire
Stars in hoops
Like a Picasso painting

C'est moi

Si tu cherches

Celle qui te suivra

Partout où tu iras

C'est moi !

Si tu rencontres

Celle qui éblouira

Ton chemin et ta voie

C'est moi !

Si tu aperçois

Celle qui adoucira

Ton cœur et ton âme

C'est moi !

Si tu croises

Celle qui t'abandonnera

Et t'abimera

Alors ce n'est pas moi...

It's me

If you're looking for the one

Who'll follow you

Wherever you go

It's me!

If you're seeking for the one

Who'll brigthen

Your path and life

It's me!

If you're searching

For the one who'll ease

Your heart and soul

It's me!

If you come across

The one who will abandon

And damage you

Then it's not me...

Shocking

Quand je te trouverai

Enfin je me reposerai

J'ignore quand ce sera

Mais tant que tu n'es pas là

Pas question de baisser les bras

Je te chercherai partout

Que tu sois Picsou ou voyou

Peu importe, je m'en fous

Je veux juste te faire coucou

Et faire de toi mon joujou

Lorsque nous serons ensemble

Je serai belle et obéissante

Et dans nos nuits grisantes

Je serai suppliante et souriante

Trépignante et balbutiante

Tu verras, il n'y aura que toi et moi

Les étoiles se mettront en place

Pour illuminer chacun de nos pas

Et nous offrir la baraka

Sous un ciel couleur magenta

Shocking

When I find you
I'll finally find some rest
I don't know when it will be
But as long as I haven't
No question of giving up

I'll look for you everywhere
Whether you're a bully or a thug
It doesn't matter, I don't care
I just want to say hi
And make you my toy

When we are together
I'll be beautiful and docile
In our thrilling nights
I'll be begging and smiling
Squeaking and stammering

There'll just you and I
The stars will be in place
To illuminate each of our steps
And offer us the baraka
Under a sky color magenta

Comme du velours

J'aime ta voix langoureuse et douce
Qui me donne des secousses
Comme dans une chanson de blues
Ou dans la station Soyouz

Elle est tendre et savoureuse
Exquise et délicieuse
Même quand elle est silencieuse
Elle me rend amoureuse

Lorsqu'elle me touche
Elle devient soyeuse
Et lorsqu'elle m'explore
Elle est simplement voluptueuse

Quand tu me la feras écouter
Allongés sur le sable doré
Demande-lui de me murmurer
Qu'elle est là pour m'aimer
Pour tout me donner
Et ne jamais m'abandonner

Like velvet

I love your soft and languorous voice
It gives me shudders
Like in a blues song
Or in a Soyuz station

It is tender and luscious
Exquisite and delicious
Even when it is silent
It makes me amorous

When it touches me
It becomes silky
And when it explores me
It is simply voluptuous

When you have me listen to it
Lying on the golden sand
Ask it to whisper to me
That it is here to love me
To give me everything
And to never abandon me

Couleurs

Regarde c'est un nouveau jour !
Suis-je la seule à le voir ?

Si je leur dis que parfois
Il fait clair et parfois il fait noir
Qu'il fait chaud ou qu'il fait froid
Qui va me croire ?

Que le bleu et le gris
Vivent dans le ciel
Que le blanc et le jaune
Viennent du soleil
Qui va me croire ?

Si je dessine cette étoile
En forme de nénuphar
Plus belle qu'un air de Mozart
Et cette mer rouge ou turquoise
Qui a côtoyé Poséidon ou Icare
Qui va me croire ?

Peu importe, il se fait tard
Je range mes crayons
Demain ils traceront
En lettres d'Or et d'Argent
Les mots que tu me dis
Qui comme dans Roméo et Juliette
Me laissent toute bête
Et ressemblent au Paradis
Mais personne ne va me croire

Colors

Look it's a new day!
Am I the only one to see it?

If I say that sometimes
It's light and sometimes it's dark
That it's hot or cold
Who will believe me?

If I say that the blue and the gray
Live in the sky
That the white and the yellow
Come from the sun
Who will believe me?

If I draw this star
In the shape of a water lily
More beautiful than an Mozart reverie
And this red or turquoise sea
Which met Poseidon or Icarus?
Who will believe me?

Whatever, it's getting late
I put my crayons away
Tomorrow they will draw
In Gold and Silver letters
The words you tell me
That like in Romeo and Juliet
Leave me all silly
And look like Paradise
But no one will believe me

Création

Maman, c'est quoi un miracle ?

Un miracle ? C'est extraordinaire
Ça étourdit comme de l'éther
C'est un fait spectaculaire

Maman, qui est-ce qui l'apporte ?
Oh ! Un serviteur de Dieu
Grand, beau aux yeux bleus
Silencieux et mystérieux

Maman, à qui il le donne ?
Oh ! À celle ou celui qui a prié
Qui s'est prosterné avec assiduité
Ou que la vie a ébouriffé

Maman, on le trouve où ?
Oh ! Il vient de loin du pays d'Aladdin
Là où le bien n'engendre que du bien
Et où faire du mal est anormal

Maman, donne-moi un exemple !
Bien sûr, c'est comme une chance
Une mythologie une énergie
Comme donner la Vie !

Maman, j'ai compris !
C'est comme quand je suis née,
Je t'ai vue souffrir crier et pleurer
Car je suis venue pour t'aimer

Creation

Mom, what's a miracle?
A miracle? It's extraordinary
It stuns like ether
It is spectacular

Mom, who's brings it?
Oh! A servant of God
Tall, handsome with blue eyes
Silent and mysterious

Mom, who does he give it to?
Oh! To whoever prayed
Who bowed down tirelessly
Or that life has ruffled

Mom, where do we find it?
Oh! It comes from far away
From the land of Aladdin.
Where good only brings good
And doing harm is not normal

Mom, give me an example!
Of course, it's like a chance
A mythology an energy
Like giving Life!

Mom, I understand!
It's like when I was born,
I saw you suffer, cry and scream
Because I was born to love you

Délicieux

J'ai un secret mais personne ne le connait

Il est gardé bien au chaud dans mon petit carnet

Le soir seule dans mon lit, je le lis et relis

Et le déguste comme un fruit descendu du Paradis

Non, je ne peux pas te dire ce qu'il me fait

Si je le dévoilais, je sais qu'il filerait

Et si je le répétais, il s'envolerait

Alors jamais je ne le colporterai

La seule chose que je peux dire

Est qu'il est beau comme un Émir

Doux comme un élixir

Futé comme Shakespeare

Et que lui seul me fait frémir,

Refleurir, sourire et dormir

Pour plonger dans son Empire !

Delicious

I have a secret but it's top-secret
It's written down in my little notebook
At night, alone in bed, I read it again and again
And taste it like a fruit descended from Paradise

No, I can't tell you what it does to me
If I reveal it, it will slip away
If I repeat it, it will fly away
So I'll never spread it away

The only thing I can say is that
He is as handsome as an Emir
As sweet as an elixir
As smart as Shakespeare
And he is the only one
Who can make me tremble
Bloom, smile, sleep,
And crash into his Empire!

Dentelle

Bonne nuit petite

Dors bien et oublie

Ce que tu as vu aujourd'hui

Ne pense pas à la pluie

Sous laquelle tu as fui

Ce dédale de faux amis

Ne pense pas aux cris

De ceux qui t'ont trahie

Ni aux tristes soupirs

De ceux qui t'envient

Ne dis rien et regarde ta vie

Dis-lui qu'il te reste des envies

Et des rêves inassouvis

Qui sont réels et construits

Dis-lui aussi que je suis ici

Comme une tapisserie

Ornées des plus belles broderies

Et de couleurs inouïes

Tu vois c'est cela ton envie

C'est là où je lis

C'est là ou j'écris

C'est là où je vis

Lace

Good night sweet angel

Sleep well and forget

What you saw today

Don't think about the rain

Under which you fled

This maze of false friends

Don't think about the screams

Of the ones who betrayed you

Nor to the sad sighs

Of those who envy you

Say nothing and look at your life

Tell it you still have cravings

And unfulfilled dreams

Which are real and built

Also tell it that I'm here

Like a tapestry

With beautiful embroideries

And colours unheard of

You see, this is what you want

This is where I read

This is where I write

This is where I live

Des gens merveilleux

Il y a des gens merveilleux sur terre
Même si on les traite d'ordinaires
Ils sont généreux et sincères
Et répondent même à vos prières

Il y a des gens merveilleux sur terre
Ils vous regardent comme un frère,
Une sœur, un ami ou une mère
Et jurent de vous rester fidèles

Il y a des gens merveilleux sur terre
Ils vous parlent sans colère
Et vous apportent la lumière
Et vous aiment forever and ever

Wonderful people

There are wonderful people in the world
Even if they are ordinary
They are generous and sincere
And even answer your prayers

There are wonderful people in the world
They look at you like a brother,
A sister, a friend or a mother
And swear to remain faithful

There are wonderful people in the world
They talk without anger
And offer you glimmer
They love you forever and ever

Étincelles

Elle était distincte des autres mamans
Lorsqu'elle parlait à ses enfants
Elle murmurait délicatement
Et les berçait musicalement

Le matin, elle les serrait très fort
Pour infuser une dose de réconfort
Et les embrassait à bras le corps
Comme d'inestimables trésors

Quand ils étaient à l'école
Elle dessinait des banderoles
Qu'elle coloriait de symboles
Qu'ils recevaient comme un pactole

Parfois, elle les enveloppait
Dans son charme doux et secret
Pour leur apprendre l'alphabet
Qu'elle dispensait comme un bouquet

Elle faisait tout sans se lasser
Avec passion et volupté
Car elle avait pour unique projet
De les aimer et de les émerveiller

Effervescence

She was different from other moms
When she cared for her children
She whispered delicately
And rocked them musically

In the morning she'd hug them tight
To infuse a dose of comfort
Embraced and grasped them
Like priceless treasures

When they were at school
She would draw banners
That she colored with symbols
Which they received like jackpots

Sometimes, she would wrap them
In her soft and secret charm
To teach them the alphabet
Which she bestowed like a bouquet

She did everything tirelessly
With passion and sensuality
Because her only aim
Was to love and dazzle them

Explication

Maman, c'est quoi un virus ?
Quelle question ! Attends…
Un virus est plus petit qu'une puce
Il est plus malin qu'une ruse

Il est dangereux ?
Oui, il frappe et il tape
Et donne des grosses claques

Comment on l'attrape ?
Avec un antivirus
Car il provoque même le typhus

Qui fabrique l'antivirus ?
Un Angélus
Ou quelqu'un comme Nostradamus

Comment s'appelle l'Angélus ?
Il peut s'appeler Docteur,
Maître, Professeur, Chercheur
Tu sais comme un Bienfaiteur

Alors, quand je serai grand
Je veux être un combattant
Qui armé de mon savoir
De mon pouvoir
Et de mon sabre noir
Tel un Sinbad
Et sa Shéhérazade
Délogera et éradiquera
Ce faiseur de larmes

Explanation

Mom, what's a virus?
What a question! Wait a minute...
A virus is smaller than a chip
It's smarter than a trick.

Is it dangerous?
Yes, it knocks and hits
And gives big kicks

How do you catch it?
With an antivirus
Because it even causes typhus

Who makes the antivirus?
An Angelus
Or someone like Nostradamus

What is the name of the Angelus?
It can be called Doctor,
Master, Professor, Researcher
You know like a Benefactor

So when I grow up
I want to be a fighter
Who armed with my knowledge
My power
And my black sword
Like a Sinbad
And his Scheherazade
Will dislodge and eradicate
This tear maker

Valse

Faisons une ronde
Et tournoyons avec brio

Chantons comme des colombes
Au soleil et pas à l'ombre

Venez les aristos, les marginaux
Écrivez vos propres scénarios

Toi, ne reste pas à l'écart
Seul avec ton mouchoir

Rentre dans la danse
Avec grâce et élégance

Effaçons la malchance
Enterrons la souffrance

Demain la ronde et ses cadences
Nous apporterons une nouvelle chance

Waltz

Let's make a round

And swirl with brio

Let's sing like doves

In the sun not in the shadow

To all the aristocrats and outcasts

Write your own scenarios

Don't stay away

Alone with your handkerchief

Get into the dance

With grace and elegance

Let's erase misery

And bury suffering

Tomorrow, our round and its cadence

Will give us a new chance

Farandole

Je suis dans un rêve éveillé

Sous un ciel étoilé

Parce que j'ai déballé

Mes tristes pensées

Colorié la réalité

Dégringolé les escaliers

Fait pleurer l'armurier

Libéré le prisonnier

Dompté le guerrier

Convaincu le justicier

Rapatrié l'exilé

Apitoyé le taulier

Chamboulé le pompier

Convié le banquier

Supplié le médaillé

Appelé le messager

Pour te trouver et m'aider

À conjuguer le verbe Aimer

Au présent et pas au passé

Farandole

I'm in a living dream

Under a starry sky

Because I unpacked

My sad thoughts

Colored reality

Fell down the stairs

Made the gunsmith cry

Released the prisoner

Tamed the warrior

Convinced the vigilante

Repatriated the exile

Moved the marshal

Upset the fireman

Invited the banker

Beseeched the medalist

Called the messenger

To find you and help me

Conjugate the verb Love

In the present and not in the past

Hors-la-loi

Je te voulais tant
Que j'ai élaboré un plan
Je suis entrée par effraction
Dans ton imagination

Habillée tout de noir
Comme un pillard
Je voulais te montrer
Jusqu'où j'étais prête à aller
Au point de provoquer
Une attaque à la voiture-bélier

Quand j'ai dit 'Haut les mains'
Il n'y avait pas de témoins
Tu m'as dit
Pas besoin de faire tout ça
Tu sais que je suis à toi
Petits hors-la-loi

Outlaw

I wanted you so much

That I designed a plot

To break into your imagination

Dressed all in black

Like a looter

I wanted to show you

How far I was willing to go

To the point of causing

An attack on the ram car

When I said 'Hands Up'

There were no witnesses

You told me

No need to do all this

You know I'm yours

Little outlaw

Imagination

Dieu, décrit moi ce monde que tu m'as promis

Tu m'as dit qu'il serait beau et bâti

À la façon d'un cadeau qui brille

Je l'imagine tout en nuances et couleurs

Rempli de joyaux et de fabuleuses fleurs

Comme des œuvres pour collectionneurs

Il aurait d'immenses voutes célestes

Dessinées en forme d'arabesques

Pour nous perdre dans le gigantesque

Tu pourrais y ajouter des auditoriums

Peuplés d'enfants, de femmes et d'hommes

Tous unis et heureux sur le même podium

J'aimerai une musique magique et féérique

Qui anime, provoque, inspire et invite

Des quotidiens chorégraphiques

Et pour couronner le tout

Tu pourrais saupoudrer tout autour

Énormément de joie, de paix et d'amour

Imagination

God, please depict the world you promised
You told me it would be beautiful and built
Like a gift that shines

I imagine it all in colors and shades
Filled with jewels and fabulous flowers
Such as works for collectors

It would have immense celestial vaults.
Drawn in the shape of arabesques
To lose ourselves in the gigantic

You could add auditoriums
Filled with children, women and men
All united and happy on the same podium

I would like a magical and fairy tale music.
Which animates, provokes, inspires and invites
Daily choreographies

And to top it all off
You could sprinkle all around
Lots of joy, peace and love

Instants

Je suis condamnée à vivre avec ce manque
À imaginer une vie presque infamante
Où mes journées autrefois insouciantes
Sont devenues vides et effrayantes

Qui a décrété qu'une vie pouvait s'arrêter
Que je cesserai de voir mes bienaimés
Que leurs regards ne me seraient plus dédiés
Et que leurs sourires seraient cachés ?

Qui a décidé que ces partages magiques
Devaient cesser de manière tragique
Et me laisser sombrer vite et lentement
En m'ôtant la joie de les voir me surprendre ?

Que me reste-t-il à part mes pieds pour traîner
Mes mots pour divaguer et délirer
Mes pensées pour tout recommencer
Et profiter du temps pour le temps
En espérant pour longtemps

Moments

I am condemned to live with this lack
To imagine an almost infamous life
Where my once carefree days
Have become empty and scary

Who's to decide that a life should end
That I would cease to see my beloved ones
That their eyes would no longer gaze
And that their smiles would be hidden?

Who's to decide that these magical moments
Should stop sadly and tragically
And make me sink fast and slow
Taking away the surprise and joy

What do I have left but my dragging feet
My words rambling and mumbling
My thoughts to start all over again
And enjoy the time for its time
Hopefully for a long time

Intime

Dieu, quand Vous viendrez me chercher
M'accorderez-Vous une seconde stellaire
Pour dire à mes enfants très chers
Que je les aime infiniment

Que je pleure tout le temps
Quand j'admire ce ciel éblouissant
Que ma vie a été chargée de présents
Sans lesquels tout aurait été absent
Dieu, si Vous pouvez m'exaucer
Ce sera ma dernière prière
Je cesserai de Vous supplier
Comme à chaque fois
Que j'ai été à terre
Et que Vous m'avez répondu
Pour me relever
Comme une Princesse exilée

Intimate

God, when You come to capture me
Will You grant me just a second
To tell my dearest children
That I love them so much

That I cry all the time
When I admire this dazzling sky
That my life has been laden with presents
Without which everything
Would have been absent

God, if You answer me
This will be my last prayer
I will stop begging You
Like each time I was down
And You answered me
To lift me
Like an fallen Princess

Invite-moi

Invite-moi tu verras
Je ne suis pas compliquée
Un rien me conviendra

Un peu d'eau un bout de pain
Peut-être avec un thé
Et je serai bien

Invite-moi tu verras
Du caviar pourquoi faire
Encore moins du foie gras

Tout est simple pour moi
T'inquiète pas si j'ai faim
Tu n'auras qu'à me tendre la main

Si j'ai soif tu pourras me montrer
Où se trouve le robinet
Et me donner un gobelet

Invite-moi tu verras
Tant que je suis près de toi
Te regarder et t'aimer me suffira

Invite me

Invite me you'll see
I am not complicated
A little nothing suits me

Some water, a piece of bread
Maybe with some tea
And I'll be happy

Invite me you'll see
I need no caviar
Nor champagne

Everything is simple for me
Don't worry if I'm hungry
I'll reach out for you

If I am thirsty, you can show me
Where the tap is
And give me a tumbler

Invite me you'll see
As long as I'm with you
Loving you is enough

La petite nomade

Avec ses cheveux en chamade

Ses yeux d'une profondeur d'ailleurs

Ses mains souillées mais frondeuses

Elle aime vadrouiller dans le désert

Sableux et somptueux

Le matin,

Elle se rue hors de sa Khaïma

Pour admirer ce panorama

Plus beau qu'un Sultanat

Dont elle se sent la Reine de Saba

Invitée par le Roi Salomon

À marcher sur des parterres de verre

Elle vit au milieu de tous ces mystères

Et quand tombe la nuit

Elle dessine ces visions grisantes

Sur le sable doré et mouvant

Pour les rendre vivantes

Lorsque le vent efface ses images

Elle reste en extase

Comme si les anges les ravissaient

Pour les offrir aux Rois Mages.

The little nomad

With her unkempt hair

Her eyes with a depth from elsewhere

Her soiled but slinging hands

She likes to roam in the sandy

And sumptuous desert

In the morning,

She rushes out of her Khaimah

To admire this panorama

More beautiful than a Sultanate

Of which she feels the Queen of Sheba

Invited by King Solomon

To walk on glass floors

She lives in the midst of all these mysteries

When night falls

She draws these exhilarating visions

On the golden and shifting sand

To give them life

When the wind erases her drawings

She remains in ecstasy

As if the angels robbed them

To offer them to the Magi.

Légendes

Tu ne souris pas ce matin

Quelque chose ne va pas ?

Oui ! Tu ne m'as pas dit

Ce qui me donne des frissons par millions

Tu ne m'as pas lu

L'histoire de ces Naïades

Qui de balades en baignades

Pêchent des perles d'éclat

Dans des fontaines ornées de fuchsias

Avec leurs longues chevelures

Semblables à des parures

Oui ! Tu as oublié qu'avec tes paroles

Mon esprit batifole

Dans un immense maelstrom

En plein milieu de la mer

Où toutes ses lumières

Rendraient la vue à Homère

Et me feraient tomber par terre

Legends

You don't smile this morning
Is something wrong ?

Yes! You didn't say the words
That give me shivers by millions
You haven't told me
The story of these Naiads
Who swim and fish for pearls
In fountains adorned with fuchsias
With their long hair
Similar to garlands
Yes! You know the way
Your words make my mind ramble
In a huge maelstrom
In the middle of the sea
Where all its lights
Would give his sight back to Homer
And make me stutter

Comme un Roi

Pourquoi lorsque tu n'es pas là
Je me sens inhabituelle
Triste, éteinte, sans tralala
Et ne trouve pas le sommeil

Pourquoi lorsque je pense à toi
Je m'imagine que tu m'appelles
Comme le plus grand magnat
Dont je serai la plus belle aubaine ?

Pourquoi lorsque je rêve toi
Je vois du beau du pur et du miel
Descendre jusque dans mes bras
Et sursaute quand je me réveille ?

Pourquoi lorsque je te vois
Les étoiles descendent du ciel
Pas uniquement une seule fois
Mais toujours et à grande échelle ?

Pourquoi lorsque tu es là
Je deviens une Demoiselle
Qui chante Alléluia
A son Roi-Soleil

Like a king

Why when you're not there
Do I feel unusual, sad
Without joy nor tralala
And can't find any sleep?

Why when I think of you
Do I imagine that you call me
Like the biggest tycoon
For whom I'd be a nice bargain

Why when I dream of you
Do I see beauty, clarity, and honey
Sliding down along my arms
And wake up startled?

Why when I see you
Do stars descend from the sky
Not just once but always
And on a big scale

Why when you're here
Do I become a Lady
Who sings Hallelujah
To her Sun King?

Magicien

Maman, je t'avais dit de faire attention
Que tout le monde n'a pas ta passion
Que tu vis comme dans un conte

Maman, tu ne m'as pas écouté
Et maintenant tu es dévastée
Tu n'as plus que tes yeux pour pleurer

Tu t'excuses tu regrettes
Te morfonds te rachètes
Je te dis simplement 'Arrête'

Tu connaitras d'autres lendemains
Tu verras Maman nous serons bien
Je serai ton ange gardien

Tu te remettras de tes malheurs
Je deviendrai ton prestidigitateur
Pour t'offrir le secret du bonheur

Magician

Mom, I begged you to be careful
Not everyone has your passion
You live like in a fairy tale

Mom, you didn't listen to me
And now you're devastated
You're crying your heart out
You apologize you regret
You lame and remorse
Please I implore you to stop

You will know better tomorrows
I promise you Mom we'll be fine
I'll be your guardian angel

You will recover from hardhip
And I'll become your magician
To offer you the secret of happiness

Merci

Je voulais te remercier

De m'avoir acceptée

Telle que j'étais

Tu ne m'as pas ri au nez

Quand je t'ai demandé

De bien vouloir m'aider

Tu as su m'écouter

Et m'a même adoptée

Alors que j'étais désespérée

Je voulais te remercier

De m'avoir emmenée

Comme un papillon chamarré

Là où tout est éclairé

Sur une planète

Illuminée

Quand je te rencontrerai

Laisse-moi juste te dévoiler

Agenouillée à tes pieds

Les yeux levés au ciel

Combien j'ai prié et prié

Pour te trouver

Thank you

I wanted to thank you

For accepting me

Effortlessly and naturally

You didn't laugh at me

When I asked you

To help me make it through

You listened to me

And even adopted me

When I was blue

I wanted to thank you

For taking me

Like a bright butterfly

Where everything is light

On a startling planet

When I meet you

Let me just confess

Kneeling at your feet

Eyes raised to the sky

How much I begged

And prayed just to find you

Météo

La journée commence bien

Ils annoncent du beau temps

La voisine étend son linge

Et prépare ses enfants

J'ouvre la fenêtre

Et soudain je m'arrête

Pour te regarder dormir

Baigné de sourires

Je m'assois au pied du lit

M'approche sans un bruit

Le regard attendri

Et t'admire endormi

T'effleure au ralenti

Comme une orfèvrerie

Ou une œuvre de Dali

Je suis alors saisie

D'une irrésistible envie

Celle d'un Eden infini

Celle de paradis

Comme une thérapie

Pour junkie

Weather

The day starts well

They announce nice weather

The neighbor is hanging her laundry

And prepares her children

I open the window

And suddenly stop

To watch you sleep

Bathed in smiles

I sit on the bedside

Approach you silently

With a tender gaze

And admire you asleep

I stroke you in slow motion

Like a fragile piece of crystal

Or a work of Dali

Suddenly, I am seized

By an irresistible desire

That of an infinite Eden

That of paradise

As sweet as therapy

For junkie

Flash

Je connais tout des splendeurs paresseuses

Et des heures tendres et affectueuses

Qui nous suspendent dans une danse

Où mes désirs sont tes présents

Je connais tout de nos nuits

Que tu convoites comme un trésor

Enfermé dans un coffre-fort

Dont la valeur est infinie

Je connais tout de tes rêves

Qui se baladent entre Toi et Moi

Dans un Paradis sans trêve

Où tu m'offres tout ce que je veux de toi

Puis de majestueux rayons de soleil

Inondent nos belles divagations

Et réveillent notre sommeil

Comme si la Fée Philomène

Entrait dans notre domaine

Tes yeux éblouis par la clarté des persiennes

Me disent simplement 'Je t'aime'

Flash

I know everything of the splendors
Of the lingering and tender hours
That tie us in a slow and gentle dance
Where all of my wishes are your favors

I know everything of your nights
That you hide like a treasure
Locked tight in your heart
Whose worth no one can measure

I know everything of your dreams
That dilly-dally from you to me
In an ever renewed Eden
Where you offer each one of my pleas

When glorious sunbeams
Flood on our beautiful fantasies
And our sweet reveries
Like sleeping babies
With covers of silk
You smile at me
And whisper softly
'I'm just happy'

Champagne

Entre dans mon rêve

Et faisons une trêve

Il n'a pas de porte

Et il réconforte

Il est toujours ouvert

Même en hiver

Il ne ferme jamais

Sauf quand tu y es

Entre dans mon rêve

Dis-lui qu'il me soulève

Tu verras ses éclats

Comme dans un opéra

Tu toucheras mon âme

En prose ou en slam

Afin qu'elle se pavane

Comme une étoile qui plane

Tu entendras sa voix

Qui te dira tout bas

Que là où nous irons

Tout sera bon

Champagne

Enter my dream

And let's make a break

It has no door

It brings comfort

It's always open

Even in the winter

It never closes

Except when you're in it

Enter my dream

Ask it to lift me

To set me free

Like in movie

You'll touch my soul

In prose or in slam

So that it hovers

Like a shining star

You'll hear its voice

That tells you softly

That wherever we go

All will be good

Mystique

Depuis mon petit HLM

Triste gris et rétréci

Meublé de poèmes

Et de tableaux bohêmes

Je t'envoie des mots simples

Mais éclatants qui cinglent

Tels des diamants brillants

Parce que c'est l'unique moyen

De te ravir de t'étourdir

Je veux que tu les reçoives

Comme des octaves qui se baladent

Avec grâce et glamour

Entre nos cœurs

Mais surtout,

Je veux qu'ils te montrent

Que comme un réanimateur

Tu m'as sorti du coma

Comme Boudha

Ou Allah…

Mystical

From my small apartment

Sad, gray, and shrunken

Furnished with poems

And bohemian paintings

I send you simple words

But bright that irradiate

Like shiny diamonds

Because it is the only way

To delight and stun you

I want you to receive them

Like octaves flying around

With grace and glamor

Between our hearts

But above all,

I want them to show you

That as a resuscitator

You took me out of my coma

Like Buddha

Or Allah...

Ne me blâmez pas

Il disait que tout est possible

Ses yeux pouvaient voir l'invisible

Et expliquer l'incompréhensible

Ne me blâmez pas

Si je l'ai supplié de me regarder

Il disait que tout est simple

Ses mains laissaient imaginer son étreinte

Et dissipaient toutes mes craintes

Ne me blâmez pas

Si je l'ai supplié de me toucher

Il disait que tout est facile

Sa voix caressait sa cible

Au point que mon cœur vacille

Ne me blâmez pas

Si je l'ai supplié de crier qu'il m'aimait

Don't blame me

He used to say everything is possible

He could see the invisible

And explain the unexplainable

Don't blame me

If I begged him to look at me.

He used to say every is simple

His hands suggesting his caress

And eliminating all my fears

Don't blame me

If I begged him to touch me.

He used to say everything is easy

His voice targeting its objective

Making my heart jump and throb.

Don't blame me

If I begged him to yell that he loved me.

Nostalgie

J'adore mon pays c'est le plus beau
Dans ce monde triste et gris

Il est si distant et loin mais je le vois
Ses montagnes, ses plages, son Sahara

Il ne me quitte jamais d'une seconde
C'est comme imaginer une belle blonde

Un jour j'ai choisi mon destin
Et j'ai fait un choix cornélien

Partir ou rester devait être tranché
Ainsi les bagages furent pliés

J'ai vécu plus mal que bien
Avec un quotidien de chagrin

Son soleil me manquait cruellement
En me bourrant de calmants

Depuis, le suis à la trace
Et imagine chacun de ses espaces

Quand j'y retournerai
Je jure que j'y mourrai

Nostalgia

I love my country,
In this sad and gloomy world

It is so distant and far away, but I see it
Its mountains, its beaches, its Sahara

It is in my mind each and every second
It's like fancying a beautiful blonde

One day I chose my destiny
And took a heartbreaking decision

Leaving or staying, that was the question
So I packed my suitcase

I have lived more badly than well
With sad daily grief

I sorely missed its sunshine
Stuffing myself with pills

Since then I've been following
And imagining each
And every of its thunderings

When I go back
I swear I will die there

Par hasard

Assise au bar

Les yeux hagards

Elle ressasse son histoire

Se souvient de ces tocards

Qui avec leur cigare

Lui jetaient quelques dollars

Comme des coups de poignard

Elle prend son mouchoir

En écoutant cette guitare

Qui joue un air d'autre part

Puis gentiment le barman

Lui dit qu'il est tard

Elle se lève, se prépare

À retrouver le trottoir

En disant bonsoir

Seule dans le noir

By chance

Sitting at the bar

The eyes haggard

She rehashes her story

Remembers those losers

Who with their cigars

Threw at her a few dollars

Like targeted stabbings

She takes her handkerchief

Listening to this guitar

That plays a tune out of nowhere

Then, gently the barman

Tells her it's getting late

She stands up and straightens her dress

Says good night to meet the sidewalk

Alone in the dark

Pardon

Excuse-moi, pardonne-moi

Lorsque je t'ai dit que je te cherchais

Ce sont mes yeux qui bafouillaient

Ils exploraient le ciel et sa clarté

Pour tenter de te trouver

Lorsque j'ai dit que je voulais te garder

C'est mon envie qui s'exprimait

Elle était avide de te savourer

Lorsque je t'ai dit que tu étais ma nuit

C'est mon désir qui balbutiait

Lorsque je t'ai dit que je voulais te caresser

Ce sont mes mains qui bredouillaient

Impatientes et passionnées

Tu m'as tout donné puis a tout repris

J'ai tout accepté comme un cadeau béni

Désormais, je suis seule avec mes souvenirs

Qui me rendent visite et me font frémir

Souvent m'empêchant de dormir

Il me reste une seule invocation

Avant d'entériner notre séparation

C'est mon cœur qui te fait sa déclaration

Et hurle son adoration

Sorry

Excuse me, forgive me

When I told you I was looking for you

My eyes were stammering

They explored the sky and its clarity

To try and find you

When I said I wanted to keep you

My greed was speaking

In its eagerness to savor you

When I told you that you were my night

My desire was stammering

When I told you I wanted to touch you

My hands were stumbling

Impatient and passionate

You gave me everything and took it all back.

I accepted it all as a blessed gift

Now I am alone with my memories

Which visit me leaving me stunned

Often preventing me from sleeping

I have only one invocation left

Before endorsing our separation

My heart is making this confession

And screams its adoration

Partage

Si le Monde m'appartenait,

Je le peindrai en violet

Et le décorerai d'œillets

Ensuite je le porterai comme un bilboquet

Pour lui montrer mon adresse

Je le chérirai comme un butin

Qui nourrit ceux qui ont faim

Qui donne à ceux qui n'ont rien

Je l'arroserai de joie et d'amour

Et ajouterai un peu de glamour

À tous ces SOS Secours

Il serait le bien de tous

Personne n'aurait plus la frousse

Ni la chair de poule

À ceux qui veulent le détruire

Je dirai 'Vous allez périr

De manière sotte et débile'

Demain le monde m'appartiendra

Et chacun labourera et plantera

Pour en faire un Olympia

Sharing

If the world were mine,

I'd paint it in purple

And decorate it with carnations

Then I'd carry it like a cupcake

To show how smart I am

I'd cherish it like a booty

That feeds the hungry

And gives to the needy

I'd water it with joy and love

And add some glamor

To all those SOS of despair

It would belong to all

No one would be scared

Nor have goosebumps anymore

To those who want to destroy it

I would say 'You will perish foolishly'

Tomorrow the world will be mine

And everyone will plow and plant

To make it an Olympia

Perpétuité

Je l'aime comme une mère
Tant il est beau ce désert
Avec ses dunes légendaires
Il dissimule tous ses mystères

Quand le soleil le touche
Ses couleurs nous secouent
Le sable comme une pelouse
L'orne de mille bijoux

Même s'il neige en été
Dans son immensité
Je l'aime et l'aimerai
Jusqu'à perpétuité

Endless

I love this desert
So beautiful like a mother
With its legendary dunes
That conceal its secrets

When the sun shines on it
Its colors shake us
The sand as a lawn
Adorns it with a thousand jewels

Even if it snows in summer
In its immensity
I love and will love it
Until infinity

Persévérance

Rien n'est pire que l'attente
Longue, angoissante et zigzagante
C'est comme une espérance décourageante
Qui te laisse vide et vacante

Tu m'as invitée dans ta nuit
En ce lundi bien triste et gris
Devenu soudain comme un verni
Doré sur le plus beau jour de ma vie

Je l'avais attendue comme une Lady
Cette nuit si longtemps promise
Je l'avais imaginée avec délice
Dans la douleur et le supplice

Agenouillée devant l'autel
J'ai prié pour que tu me l'offres
Et je t'accepte comme Guillaume Tell
Et son vaillant retour aux sources

Même si c'est la seule nuit
Même si c'est la seule insomnie
Même si c'est la seule sorcellerie
Je l'accepte avec névralgie
Comme si j'étais le seul fruit
Dans ton jardin interdit

Perseverance

Nothing is worse than the waiting
Long, scary and zigzagging
It's like a daunting hope
That leaves you empty and vacant

You invited me to your night
On this sad and gray Monday
Suddenly became like a varnish
On the happiest day of my life

I had waited for it like a Lady
This night so long promised
I had imagined it with delight
In pain and torment

Kneeling in front of the altar
I prayed that you gave it to me
Accepting it like William Tell
And his valiant homecoming

Even if it's the only night
Even if it's the only insomnia
Even if it's the only witchcraft
I accept it with neuralgia
As if I were the only fruit
In your secret garden

Phénomènes

Maman, tu penses à quoi ?

La pluie n'a cessé de tomber
Et elle m'a réveillée
Alors je me suis levée
Et par la fenêtre l'ai regardée
Puis sont venues des tas de pensées
De souvenirs et d'idées

Qu'est-ce qu'elle t'a rappelé ?

Plein d'images un peu embuées
Des larmes sucrées salées
Des questions accrochées
Et des situations entremêlées

Qu'est-ce qu'elles t'ont dit ?

Elles se sont mises à bouger
Et à remuer sans parler
Moi seule pouvais les écouter
Tant elles étaient bien ancrées

Pourquoi personne ne les voit ?

Parce qu'elles sont imaginées
Elles sortent de nos têtes fatiguées
Et se baladent dans nos allées

Est-ce qu'elles meurent ?

Elles rentrent et sortent en liberté
Et parfois se heurtent à des rayons
Qui leur font prendre une autre direction

Phenomena

Mom, what are you thinking about?

The rain hasn't stopped pouring
It woke me so I got up
And through the window
Watched it fall
Then came a lot of thoughts
Of memories and ideas

What did they remind you of?

A lot of foggy images
Sweet and salty tears
Hanging questions
And intertwined situations

What did they tell you?

They started to move
And to stir without talking
Only I could hear them
They were so well anchored

Why doesn't anyone see them?

Because they are imagined
They come out of our tired minds
And walk in our alleys

Do they die?
They roam in and out freely
And sometimes bump into rays
That make them take another direction

Plus jamais

Maman, pourquoi tu dis toujours
C'était mieux avant ?

Parce qu'avant les enfants comme toi
Lisaient un livre quand il faisait froid
Et que l'hiver les faisait rester chez soi

Avant, on pouvait se rencontrer
Dans le métro, la rue ou les cafés
Et faire semblant de se parler pour draguer

On pouvait danser sur un slow
En écoutant Johnny ou Ringo
Et ne pas se sentir bête ou idiot

On se donnait la main en fumant
En portant des tenues de sultan
Les cheveux dans le vent

Mais surtout, nos rêves étaient innocents
Je voudrais revivre ces moments
Où l'on croquait la vie intensément

Never again

Mom, why do you always say

It was better before?

Because children like you

Used to read a book when it was cold

And winter made them stay home

Before, we could meet

In the subway, the streets or cafes

To talk and flirt with each other

We could dance a slow

Listening to Johnny or Ringo

And not feel stupid or silly

We held hands while smoking

Wearing sultan's outfits

Hair in the wind

But above all, our dreams were innocent

I'd love to live these moments again

When life was beautiful and plain

Pressentiment

Je sais que tu réussiras ma fille
Tu vois quand je t'écoute
Me raconter avec fougue
Ce que tu rêves de devenir
Je n'ai aucun doute
Que tu réaliseras tous tes désirs

Quand je reçois tes boules de joie
Qui me frôlent comme des éclats
Elles me caressent
Comme de belles promesses

Continue, persévère
Comme disent les Professeurs
Car je suis certaine
Que tu trouveras le bonheur
Dans ton cœur

Feeling

I know you will succeed my daughter

When I see your passion

And your dreams

I have no doubt

That you will achieve them

All and more

When I receive your balls of joy

They glimmer like sparks

And caress me

Like beautiful promises

Continue, persist

As Teachers say

Because I am sure

That happiness lies in your heart

Chez moi

Quand tu viendras chez moi
Je t'ouvrirai la porte
Là, tu découvriras
Tout ce qui me transporte

Par les fenêtres ouvertes
La lumière aveuglante
Te fera basculer
Dans un monde éclatant

Dans mon petit jardin
Tu pourras admirer
Des fresques de jasmin
Et un ciel irréel

J'espère que tu viendras
Car je n'ai pas fini
De décrire cet endroit
Qui n'attend plus que toi.

My Place

When you come to my place
I'll give you access
To a world of noblesse
Where good is in excess

Through my open windows
The light and its glows
Will draw arrows
And glittering rainbows

In my tiny garden
The flowers you have chosen
Will have a taste of heaven
Where nothing is forbidden

I hope you come to my place
And discover its staircase
Leading you to kindness
Where Peace and Love embrace

Questions

Maman, pourquoi j'ai mal ?

Ah ! Parce que tu l'as laissé entrer
Que tu lui as tout donné
Qu'il s'est servi à volonté
Qu'il t'a promis l'éternité
Qu'il a goûté ta vérité
Qu''il s'est rassasié
Qu'il s'est lassé
Qu'il t'a quitté
Sans se retourner

Maman, pourquoi je l'ai laissé faire ?

Ah ! Parce tu l'aimais dur comme fer
Que tu le trouvais sincère
Qu'il te jurait Ciel et Terre
Qu'il était savant comme un dictionnaire
Qu'il t'offrait des rêves interplanétaires
Que tu étais sa prisonnière
Que vos nuits sont devenues douces amères

Maman que vais-je devenir ?

Tu iras bien tu verras
Ton esprit le chassera
Un jour tu seras
Au bon moment
Au bon endroit
Et tu te heurteras
À un petit je ne sais quoi

Questions

Mom, why am I hurting?

Ah! Because you let him in.
You gave him your everything
He helped himself
He promised you eternity
He tasted your truth
He was satiated
Then he grew weary
And finally left you
Without a cuddle

Mom, why did I let him do it?

Ah! Because you loved him so much.
You found him sincere
He promised you Heaven on Earth
He was as erudite as a dictionary
He offered you interplanetary dreams
You were his prisoner
Then your nights became bitter sweet

Mom, what am I going to become?

You'll be fine, you'll see
Your mind will chase him away
One day you will be
At the right time
At the right place
And you will bump into
This little 'Je ne sais quoi'

Qui es-tu?

Tu m'as demandé qui je suis

Je vais tenter de me décrire

Tu vois, j'aime la simplicité

Si tu as mal, j'ai mal

Si tu pleures, je pleure

Si tu tombes, je te ramasse

Et je te répare si tu te fracasses

Si tu es heureux, je le suis plus

Si tu es malheureux, je suis vaincue

Si tu souffres, je suis dépourvue

Et si tu es triste, je suis déçue

Si tu es satisfait je suis béate

Si tu es joyeux, je suis une sonate

Si tu es content, je deviens Goliath

Et si tu m'aimes, je suis Ponce Pilate

Who are you?

You asked me who I am

I will try to describe myself

You see, I like simplicity

If you're in pain, I'm in pain

If you cry, I cry

If you fall, I pick you up

And I fix you if you break

If you're happy, I'm happier

If you're unhappy, I am defeated

If you are in pain, I am barren

And if you're sad, I'm saddened

If you are satisfied, I am blissful

If you're joyous, I'm a sonata

If you're happy, I become Goliath

And if you love me, I am Pontius Pilate

Regrets

On m'a dit que mon voisin n'est plus

Ô ! Combien je suis émue

Il était étrange ce petit homme

Toujours seul, triste et abattu

Comme quelqu'un qu'on abandonne

Dans un bois en automne

Parfois, je voulais lui parler

Mais il se faufilait tête baissée

Comme s'il voulait cacher

Ses secrets bien gardés

Ô ! Comme je regrette

De ne pas lui avoir tendu la main

De lui dire que s'il se sentait orphelin

Je serai là aujourd'hui et demain

Que s'il venait chez moi

Il redeviendrait un enfant

Regrets

I was told that my neighbor passed away

I'm so moved

He was an odd little man

Always alone, sad, and miserable

As if he had been abandoned

In a wood in autumn

Sometimes, I wanted to approach him

But he would sneak with his head down

As if he wanted to hide

His well-kept secrets

Oh! How I regret

Not reaching out to him

To tell him that if he felt like an orphan

I would be there today and tomorrow

That if he wanted my shelter

I would make him a child again

Scientifique

Ô ! Comme j'admire ces scientifiques !
Qui nous expliquent l'astrophysique
La statistique ou l'hydroélectrique
Avec plein de tableaux, de graphiques
Et des séries chronologiques
Avec eux, rien n'est hypothétique
Parce qu'ils sont précis et spécifiques
Apportent des preuves authentiques
Des métadonnées logiques
Et des images télescopiques

Ô ! Comme je les admire !
Je n'ai pas leur rhétorique
Ni leur dynamique
Parfois, je me demande
S'ils sont également poétiques,
Romantiques, lyriques,
Comme des narcotiques
Hypnotiques

Scientific

Oh! How I admire these scientists!
Who explain astrophysics
Hydroelectricity or statistics
With lots of tables, graphics
Charts and time series
With them nothing is hypothetical
Because they are precise and specific
Provide authentic evidence
Logical metadata
And telescopic images

Oh! How I admire them!
I don't have their rhetoric
Nor their dynamics
Sometimes, I wonder
If they are also poetic,
Lyrical, romantic
Like hypnotic
Narcotics

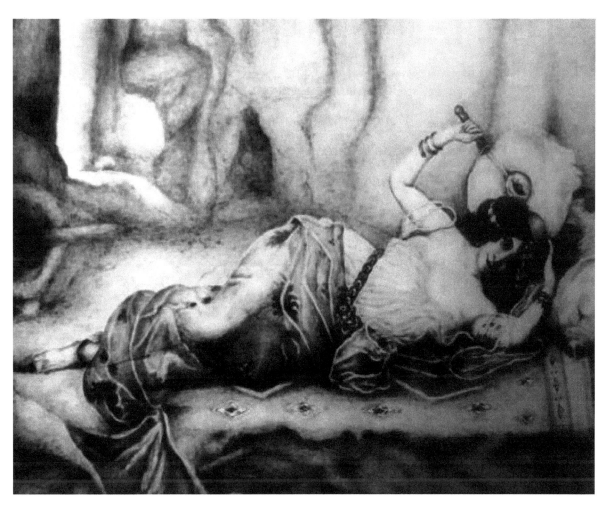

Artwork: Houba

Sensuel

Faisons une pause et regarde-moi

Détourne les yeux de ce journal

Et touche-moi ! Touche-moi !

Comme un chevalier battant

Doucement sans me faire mal

Comme la caresse de la belle étoile

Avec la classe d'un samouraï

D'un mélomane ou d'un Gentleman

N'aie pas peur, ne tremble pas

Ce ne sera qu'une balade

Ou une belle promenade

Dans le Royaume des Cyclades

Où chanteront les cigales

En chœur comme dans une chorale

Harmonieuse et phénoménale

Que Minerve applaudira

Touche-moi ! Touche-moi !

Avec persévérance et grâce

Effleure et enlace-moi

Prends-moi dans tes bras

Serre-moi ! Serre-moi !

Avec fracas et bacchanal

Escortés de joie et d'éclats

Ça y est, il est là

Je le vis mon Festival

Sensual

Let's take a break and look at me

Take your eyes off this newspaper

And touch me! Touch me!

Like a knight fighting

Gently without hurting me

Like the caress of the stars

With the class of a Samurai

A music lover or a Gentleman

Don't be afraid, don't tremble

It will only be a ballad

Or a nice walk

In the Kingdom of the Cyclades

Where the cicadas sing

Together as in a choir

Harmonious and phenomenal

That Minerva will applaud

Touch me! Touch me!

With perseverance and grace

Touch and embrace me

Take me in your arms

Hold me! Hold me!

With smash and bacchanal

Escorted by joy and sparks

That's it, it's here

This is my Festival!

Série noire

Circulez y a rien à voir

Hurlait le policier vêtu de noir

Restez pas là

Il est trop tard

C'était ce pauvre clochard

Renversé par un motard

Qui agonisait sur le trottoir

On le voyait tous les soirs

Les yeux bleus, le teint blafard

Qui racontait son histoire

Comme un assommoir

Triste et sans espoir

Et dire que ce vieillard

N'avait rien d'un ignare

Il avait fait les Beaux-Arts

Rêvait d'être un Renoir,

Un Mozart, un Ronsard

Ou toute autre Star

Un jour une dame lui a dit bonsoir

L'entraînant dans des voies hallucinatoires

Dont il ignorait qu'elles étaient illusoires

Un vrai traquenard

Qui le fit sombrer dans un cauchemar

Transformant ses rêves de gloire

En un gigantesque tintamarre

Comme la vie est bizarre

Tiens! Regarde, voilà les girophares

Rentrons, n'y a plus rien à voir.

Disaster

Move along, there's nothing out there!

Yelled the policeman dressed in black

Don't just stand here, it is too late

It was that poor bum hit by a biker

Who was dying on the sidewalk

We used to see him every night

His blue eyes and pale complexion

Told his story like a knockout

Sad, helpless and hopeless

When I think that this old man

Had nothing of an ignorant

He had studied Fine Arts

Dreamed of being a Renoir,

A Mozart or a Ronsard

Or any other Star

One day, a Lady seduced him

Dragging him into hallucinatory pathways

Which he ignored were illusory

A real trap that became a nightmare

Turning his dreams of glory in a gigantic hullaballoo

How strange lile is!

Look! Here is the ambulance

Let's go home, there's nothing more to see.

Songe

Seule dans mon lit, je prie
Pour faire de beaux rêves
Accompagnés d'arpèges
Et d'octaves survolant la nuit

Je parle à mon esprit
Et lui demande d'errer
Là où la vie est jolie
Libre et respectée

Je veux voir des pluies d'or
Des cyclones de perles
Des tempêtes de symboles
Et des rafales couleur pastel

Je veux danser vêtue de pimprenelles
Au milieu de fabuleuses météores
En virevoltant comme une rebelle
Dans un décor en parfait accord

Puis, je me réveillerai au petit jour
En pensant tendrement à toi
Et rédigerai une histoire
Que tu liras avec Amour

Vision

Alone in my bed, I pray

To have sweet dreams

Accompanied by arpeggios

And octaves flying over the night

I speak to my mind

And ask for it to wander

Where life is pretty

Free and respected

I want to see rains of gold

Cyclones of white pearls

Storms of beautiful symbols

And pastel-colored bursts

I want to dance dressed in burnets

In the midst of fabulous meteors

Spinning around like a rebel

In a decor in perfect harmony

Then, I will wake up at dawn

Thinking tenderly of you

And write a story

That you will read with love

Souvenir

Surtout ne m'oublie pas
Quand je ne serais plus là
Ne jette pas mes belles lettres
Que j'écrivais le cœur en fête

Ramasse nos souvenirs
Sans larmes ni soupirs
Même s'ils te font tressaillir
Et brillent comme un saphir

Accroche mes photos
Sans tristesse ni sanglot
Regarde-les comme des joyaux
Qui ont toujours été loyaux

Range mes disques stéréo
Mes carnets perso
Mes jeux de mots
Et mes rêves sentimentaux

Surtout, ne n'oublie pas
Et souviens de moi
Comme de ton foulard en soie
Ta Mona Lisa ou ton Athéna

Souvenir

Don't forget me
When I'm gone
Don't throw away the letters
I used to write with a happy heart

Collect our memories
With no tears or sighs
Even if they make you quiver
And shine like a sapphire

Hang my photos
With no sadness or sobbing
Look at them like jewels
Who have always been loyal

Put away my stereo discs
My personal notebooks
My puns
And my sentimental dreams

Don't forget me
Just remember me
Like your silk scarf
Your Mona Lisa or Athena

Sublimissime

Tu m'as demandé

De te parler du bonheur

Tu sais ce sentiment

Qui parfois fait peur

Parce que l'on ne sait pas s'il va durer

Ou si un jour il nous fera pleurer

Et verser des larmes

Pleines de souvenirs

Qui nous feront quand même sourire

Je pourrai t'en parler pendant des heures

Mais je ne veux pas que derrière ton ordinateur

Tu te détaches de la noirceur

De ce monde qui parfois appelle le malheur

Tu dois rester concentré et déterminé

N'oublie pas !

Tu es chargé de m'écrire une vie meilleure.

Sublimely

You asked me
To tell you about happiness
You know that feeling
Which may frighten
Because no one knows if it will last
Or if one day, it will make you cry
And shed tears
Full of memories
Which will still make us smile.

I could talk to you about it for hours.
But I don't want you to forget
That behind your computer
There's a darkness in this world
That we sometimes call misfortune

You need to stay focused
Straight and determined
Don't forget!
You're in charge of inventing a better life.

Superlatif

Assis à son bureau

Il prend un stylo

Pour écrire à sa Belle

Une femme un peu rebelle

Qu'il surnomme Hirondelle

Car elle lui donne des ailes

Voici ce qu'il écrit

Au milieu de la nuit...

Belle Hirondelle

Te lire m'inonde de frissons

Et de surprenantes visions

Tes mots me laissent éveillé

Même lorsque je suis fatigué

Ils me redonnent des forces

Qui caressent mes pensées.

Bouleversée, Petite Hirondelle

Les larmes en ribambelle

Lui répond comme une demoiselle...

Sache que ce que tu m'écris

Est encore plus fort

Que ce que tu décris

Un jour je te dirai

Tout ce que tes mots

M'ont fait

Mais je pense

Que tu le sais.

Superlative

Sitting at his desk

He takes a pen

To write to his Lady

A somewhat rebellious woman

Whom he calls Swallow

Because she makes him fly

Here is what he writes

In the middle of the night

Beautiful Swallow

Reading you send me shivers

And surprising visions

Your words leave me awake

Even when i am tired

They give me strength

And caress my thoughts

Overwhelmed, little Swallow

Tears in ribbons

Answers like a young Lady…

Know that what you tell me

Is even stronger

Than what you describe

One day, I'll tell you

What your words do to me

But i think you already know.

Suspense

S'il te plaît, Aide-moi

Dépêche-toi, il arrive !

Je veux être belle

Comme la tourterelle

Qui roucoule quand elle entend ses pas

Passe-moi ma robe de taffetas

Non, pas celle-là !

Celle qui l'éblouira

Dont les volants de mousseline

Feront de moi une Palatine

Décore mes cheveux

Avec deux rubans soyeux

Vite, court chercher mes souliers

Ceux aux paillettes dorées

Attends, qu'est-ce que j'ai oublié ?

Ah oui ! Mon grand châle

Mon collier en opale

Et mes mouchoirs

Il est arrivé, il est là

Je suis chamboulée, subjuguée

Je reste bouche-bée !

Hébétée, égarée, paralysée

Je sais que je vais pleurer

Mon Dieu, s'il Vous plait,

Aidez-moi !

Suspense

Please help me

Hurry up, he's coming!

I want to be beautiful

Like the swallow

Cooing at the sound of his footsteps

Give me my taffeta dress

No! Not that one!

The one that will dazzle him

With muslin frills

To make me a Palatine

Decorate my hair

With two silky ribbons

Quick! Go get my shoes

Those with golden glitter

Wait, what did I forget?

Ah yes! My large shawl

My opal necklace

And my handkerchiefs

He's here, he's here

I'm upset, subjugated.

Speechless

Dazed, lost, paralyzed

I know I'm going to cry

Please God,

Help me!

Trajectoire

C'est comme une mine d'or

Un tremblement insonore

Des tonnes de notes de ténors

Quand je pense au réconfort

Que tu recevras à bras le corps

Quand je te rencontrerai

Je préparerai une fête grandiose

Où toi et moi seront les seuls hôtes

Autorisés à toutes les surdoses

Qui me feront te dire « Ose »

Et t'approcher de moi comme un virtuose

Quand je te rencontrerai

Nous irons sous la lune claire

Explorer le système solaire

Où j'appellerai Jupiter

Pour ne pas tomber à terre

Comme un choc nucléaire

Quand je te rencontrerai

Pour l'instant je marche sur le sol

Errant seule et sans boussole

Heurtant galets, cailloux et roches

À la recherche de mon trésor

Car je ne te connais pas encore

Trajectory

It's like a gold mine

A soundproof tremor

Tons of tenor notes

When I think of the comfort

That I shall give you

When I meet you

I'll prepare a giant party

Where you and I will be the only hosts

Allowed for all overdoses

That will make me tell you 'Dare'

And approach me like a virtuoso

When I meet you

We will go under the clear moon

Exploring the solar system

Where I will call Jupiter

So as not to fall down

Like a nuclear shock

When I meet you

For now, I'm walking alone

Wandering and without compass

Stunning pebbles and rocks

In search of my treasure

Because I haven't met you yet

Un peu beaucoup

Maman c'est quoi je t'aime un peu,
Beaucoup, passionnément, à la folie ?

Je t'aime un peu
C'est comme un petit feu
Il te réchauffe sans être fougueux
Et vite tu redeviens frileux

Je t'aime beaucoup
Ça passe partout et a bon goût
Comme des mots doux
Ou un bisou sur la joue

Je t'aime passionnément
C'est comme un tremblement
Un supplément ou un diamant
Que tu donnerais à un géant

Je t'aime à la folie
C'est une mythologie
Une fantasmagorie
Ou un air de Tchaïkovski

Alors moi je t'aime à la Folie
Parce que tu es ma fantaisie
Et que tout ce que tu dis
M'apaise, me guéri et m'ébloui

A little A lot

Mom what is I love you a little,
A lot, passionately, madly ?

I love you a little
Is like a small fire
It warms you up without being fiery
And soon you get cold again

I love you a lot
Goes everywhere and tastes good
Like sweet words
Or a kiss on the cheek

I love you passionately
It's like a tremor
An increment or a diamond
That you would give to a giant

I love you madly
It's a mythology
A phantasmagoria
Or an aria by Tchaikovsky

I understand… I love you madly.
Because you are my fantasy
And everything that you say
Eases, heals, and dazzles me

Artwork: Akim Bouri

Virginal

Elle ressemblait à une Sultane persane

Sa peau d'un éclat supérieur et royal

Était ornée d'un grain de beauté opale

Ses yeux noirs étaient teintés de couleurs astrales

Ses cheveux laissaient deviner une douceur abyssale

Sa démarche impériale était presque immorale

Tant elle suggérait des jambes magistrales

Je l'admirais comme on admire une cathédrale

Ou un coucher de soleil équatorial

Bref c'était une vision phénoménale

Exaltante et presque subliminale

Comme j'aurai voulu être un hôte banal

Dans son majestueux caravansérail

Qui hébergeait voyageurs et bétail

Je lui aurai raconté sa beauté tel un vitrail

Je lui aurai caressé les mains sur son piédestal

Je lui aurai demandé qu'elle me dévoile

Le secret de sa grâce seigneuriale

Et ensemble nous aurions fait un Carnaval

De nos nobles fiançailles à la belle-étoile

Virginal

She looked like a Persian Sultana.

Her skin of a superior and royal radiance

Was adorned with an opal beauty spot

Her black eyes were dyed with astral colors

Her hair had an abyssal softness

Her imperial bearing was almost immoral

Suggesting marvelous legs

I revered her like one admires a cathedral

Or an equatorial sunset

In short, she was a phenomenal vision

Exhilarating and almost subliminal

How I would have liked to be a common host

In her majestic caravanserai

Accommodating travelers and caravans

I would have depicted her like a stained-glass window.

I would have caressed her hands on her pedestal

I would have asked her to reveal me

The secret of her lordly grace

And together, we would have made a Carnival.

Of our noble engagement under the starry sky

Vocabulaire

Lorsque je t'apprendrai à parler
Je commencerai par le verbe aimer
Sans lequel rien n'est jamais gagné

Puis, je poursuivrai avec le verbe sourire
Qui donne le vertige et même le tournis
Quand il est plein de vie et de désirs

Ensuite, viendra le verbe caresser
Qui donne des frissons rien qu'à y penser
Et qui fait sursauter, frémir et rêver

Enfin, je terminerai avec le verbe vivre
Qui sera comme un grand livre
Où toi et moi seront libres

Et toi, que m'apprendras-tu ?

.

Language

When I teach you how to speak
I will start with the verb love
Without which nothing is ever won

Then, I will continue with the verb smile
Which makes you unsteady and even dizzy
When it is full of life and desires

Then, will come the verb caress
It gives you chills just thinking about it
It makes you startle, shudder and dream

Finally, I'll end with the verb live
Which will be like a big book
Where you and I are free

And you, what will you teach me?

Peur de rien

Je voudrai retourner

Dans le plus bel endroit de l'univers

Il paraît que l'on y bien

Et que l'on a peur de rien

Il paraît que même les trous noirs

Illuminent chaque coin

Et recoin de tout

Ce que l'on ne peut pas voir

Il paraît que même les planètes

Les plus éloignées

Le jalousent et

Ne pourront jamais lui ressembler

Quand j'irai dans ce plus bel endroit

Viendras-tu avec moi ?

Parce que si je ne peux pas le partager

Alors à quoi ça servira ?

Not afraid

I would like to return

To the nicest place in the universe

People say we feel good there

And we fear nothing

They say that even black holes

Illuminate every corner

Of all that's invisible

They say that even the farthest planets

Are jealous of it

And will never compare

When I go to that place

Will you come with me?

Because if you don't

What's the point?

Fluide

Lorsque tu me regardes,

Tu provoques en moi des phénomènes naturels

Je reçois des vagues et des ondes de choc

Qui m'envahissent en forme d'étoiles

À une vitesse de propagation

Provoquant d'énormes tourbillons,

Des spots et des perturbations

Comme du gaz en bulles

Turbulent et en fusion

Qui m'envahit grandissant lentement

J'ai la tête qui tourne, les genoux qui ondulent

Un vertige hyperbolique

Qui met à mal mon équilibre elliptique

Tu t'approches de moi et je capitule

Tu m'envahis de gigantesques bulles

De douceur, de chaleur, de bonheur

Je me liquéfie

Comme une eau limpide

Ô ! Mon Dieu comme c'est magique

Et ressemble à une mécanique mythologique

Volcanique, chromatique et féérique

C'est mieux qu'un film fantastique !

Fluid

When you look at me,

You provoke in me natural phenomena

I receive shock waves

Which invade me like stars

At a propagation speed

Causing huge whirlpools,

Spots and disturbances

Like gas in bubbles

Turbulent and molten

That invade me slowly

My head spins, my knees wobble

An hyperbolic vertigo

Upsets my elliptical balance

You come near me and I surrender

You invade me with gigantic suds

Of sweetness of warmth of happiness

I'm liquid

Like clear water

Oh, my God, how magical this is!

It feels like a mythological, chromatic,

Magical, volcanic mechanism

It's better than a fantastic movie!

Éclats

Maman tu penses à quoi ?

Tu vois il curieux que les mots
Qui se rapportent à ce qui nous éclaire
Résonnent comme des échos
Qui prennent un sens extraordinaire

Maman explique moi

Par exemple, tes yeux lumineux
Quand je chante la berceuse
De la Petite danseuse
Et qu'à la fin j'éteins la veilleuse

Oui maman, ta voix frémit comme un frisson
Et me donne des illuminations

Ou encore l'aurore boréale
Qui a fait rêver l'Antiquité
Avec son champ magnétique
Tel un feu d'artifice de joie et de gaîté

Ah ! J'ai compris maintenant
C'est comme quand tu dis
Que quand tu as vu Papa
Tu as été éblouie par un flash
Accompagné d'un carambolage aérospatial
Et des flammes embrasant les nuages
Dont tu as fait le coloriage

Glitter

Mom, what are you thinking about?

It's curious that the words
Which relate to what enlightens us
Resonate like echoes
Which have an extraordinary meaning

Mom, please explain

For example, it's like your shining eyes
When I sing the lullaby
Of the Little dancer
And I turn the night-light off

Yes mom, your voice quivers like a shiver
And sends me illuminations

Or the aurora borealis
Which made the Antiquity dream
With its magnetic field
Like a firework of joy and cheerfulness

Ah! I understand now
It's like when you say
That when you saw Dad
You were dazzled by a flash
Caused by an aerospatial crash
With flames blazing the clouds
Of which you made the colours

Artwork: Akim Bouri

Prière

Lorsque tu entendras ma petite voix
Te dire que je suis là
Est-ce que tu m'écouteras ?

Lorsqu'elle te dira que parfois
Certains ont faim et certains froid
Est-ce que tu comprendras ?

Si je t'explique que ceux qui ne sourient pas
Ont peut-être mal ou n'ont pas de toit
Qu'est-ce que tu feras ?

Surtout ne te fâche pas
Si je lève les yeux vers toi
Comme une enfant à son Papa

Écoute-moi à minima
Prends-moi dans tes bras
Pour que je ne pleure pas

Prayer

When you hear my little voice
Telling you I'm here
Will you listen to me?

When it tells you that sometimes
Some are hungry and some are cold
Will you understand?

If I explain that those who don't smile
May be in pain or without a home
What will you do?

Above all, don't get angry
If I look up towards you
Like a child to her Daddy

Listen to me a little bit
And hold me tight
So that I don't cry

Je ne veux pas

Je ne veux pas savoir
Ce que tu ressens dans le noir
Quand tout devient silencieux
Et que rien ne se meut

Je ne veux pas te voir
Dans ta Tour d'ivoire
Où tu ignores ce qui fait mal
Et qui pour moi n'est pas normal

Je ne veux pas te croire
Lorsque dans ton miroir
Tu ressembles à un acteur
Cruel et sans cœur

Laisse-moi entrevoir la lumière
Qui éclaire et rend sincère
Je veux que tu m'offres ton cœur
Comme un promoteur de paix,
D'amour et de bonheur

I don't want

I don't want to know
What you feel in the dark
When everything turns silent
And nothing moves

I don't want to see you
In your Ivory Tower
Where you don't know what's bad
And which is not normal

I don't want to believe you
When in your mirror
You look like an actor
Cruel and heartless

Let me see the light
That enlightens and makes sincere
I want you to offer me your heart
Like a promoter of peace,
Love and happiness

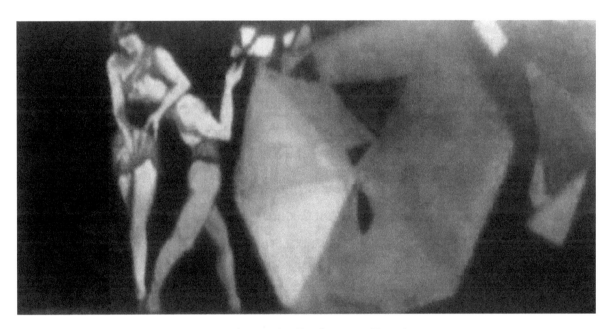

Artwork: Redouane Bouri

Carnaval

Je veux danser pour toi

Et te chanter des shalala lal a

Sur une musique de Favela

Comme un bandit sans foi ni loi

Laisse-moi juste virevolter

Comme un papillon bleuté

Que tu ne peux pas attraper

Quand tu le laisses se rapprocher

Laisse-moi te murmurer

Des mots argentés

Qui viendront te caresser

Et te faire chuter

Laisse-moi te crier

Je veux te garder

Dieu ! Ô Mon Dieu

Pouvez-vous m'exaucer ?

Carnival

I want to dance for you

And sing lots of shalalas

On a Favela music

Like a lawless bandit

Let me twirl around you

Like a blue butterfly

That you can't catch

When it gets too close

Let me whisper

Silver words

Who will grab, caress

And make you collapse

Let me yell at you

I want to keep you

God! O My God

Please delight me!

Explorateur

Sa mère était partie avant l'heure
Retrouver le plus grand des Seigneurs
Qui l'accueillit certainement avec bonheur
Mais laissant son petit garçon en pleurs

Il restait assis pendant des heures
À se remémorer sa tendre douceur
Son visage au regard charmeur
Et aux yeux emprunts de profondeur

Dans la cour de l'école
Il passait pour le petit rêveur
Qui ne pouvait oublier ses malheurs
Face aux rires et aux airs moqueurs

Il s'imaginait en Merlin l'Enchanteur
Qui aurai juré que la plus belle fleur
N'avait pas disparu sans grandeur
Et qu'elle le voyait dans sa demeure

Il devint un grand chercheur
Avait étudié la chaleur et la froideur
Pour percer le mystère de la douleur
Et offrir à chacun un monde meilleur

Explorer

His mother had left way too soon

To meet the greatest of the Lords

Who certainly welcomed her with joy

But leaving her crying little boy

He would be seated for hours

Remembering her tender sweetness

Her face with this charming gaze

And her eyes filled with depth

In the school yard

He was the little dreamer

Who could not forget his misfortunes

Confronting laughter and disdain

He imagined himself as Merlin

Who swore that his beautiful flower

Has not disappeared without greatness

And that she saw him from where she was

He became a great scientist

Studied heat and cold

To unravel the mystery of pain

And offer everyone a better world

Inconnu

Bonjour le jour
Je t'ai tant attendu
Dans la nuit si longue
Seule et profonde
J'étais perdue

L'aube s'est enfin levée
Comme l'heure du café
Où son arôme et odeur
Annoncent une promesse
De joie et de bonheur

Les lampadaires s'éteignent
Les uns après les autres
Laissant place à cette lumière
Blanche naturelle et chaude

Je sors pour enfin te sentir
Te humer et te respirer
Te découvrir comme
Un cadeau renouvelé
Qui seconde après seconde
M'incite à avancer
Je veux te savourer
Te saisir à l'arrachée
Bref, te voler et t'aimer

Dis-moi le jour,
Que m'as-tu préparé
Aujourd'hui ?

Unknown

Good morning Morning
I waited for you
In the night so long
Alone and deep
I was lost

Dawn has finally come
Like coffee time
When its aroma and smell
Announce a promise
Of joy and happiness

Streetlights fade out
One after the other
Leaving room for brightness
Natural and white

I finally go out to feel you
Smell and breathe you
Discover you like a renewed gift
That second after second
Encourage me to move on
I want to savour you
Grab you with my hands
In short, steal and love you

Tell me Morning,
What have you prepared
For me today?

Comment

Dis-moi comment ils ont fabriqué les astres

Est-ce leur enthousiasme qui a créé ce spectacle ?

Je me demande s'ils l'ont fait par étape

Ou si les anges ont imaginé leurs images

Et qui a eu l'idée du Ciel d'un bleu profond

Qui, à le regarder, donne des commotions

Et donne envie de chanter des chansons

Tous en même temps et au diapason ?

Je ne parle même pas de la Mer

Avec ses vagues extraordinaires

Ses courants et ses flots millénaires

Et son odeur sucrée comme un dessert

Et si nous inventions nos propres rêves

Ceux que nous voulons comme des arpèges

Qui embelliront nos journées avec florilège

Et que nous écouterons avec privilège

Viens, commençons comme des gamins

Allongeons-nous sur un lit à baldaquin

Dessinons-les sur un parchemin

À deux mains dès demain

How

Tell me how they made the stars?

Did their enthusiasm create this show

I wonder if they did it in stages

Or if angels imagined their images

And who came up with the idea of the deep blue sky?

That gives commotions just looking at it

And makes you want to sing

All at the same time and in tune

I'm also wondering about the Sea

With its extraordinary waves

Its millennial currents and streams

And its sweet smell like a dessert

What about inventing our own dreams

The ones we want as arpeggios

Which will embellish our days

That we will listen to with privilege

Come on, let's start like kids

Let's lie on a canopy bed

Let's draw them on a parchment

With both hands starting tomorrow

Artwork: Akim Bouri

Émérite

Le petit garçon voulait apprendre
Comment était fait le monde
Assidu, studieux et sérieux
Rien ne lui semblait curieux
Il dévorait les livres de sciences
Avec une ardeur pleine de patience
Que ce soit la physique, la chimie,
La géologie ou l'anthropologie,
Rien ne le laissait indifférent
Au point d'inquiéter ses parents
Il se passionnait pour les astres
Et les roches noires ancestrales
Les histoires sur la préhistoire
Incarnaient des images sans savoir

Quand on lui demandait
Que veux-tu faire plus tard ?
Il répondait sans hésitation
Qu'il avait trouvé sa vocation
Je veux être un savant
Grand, brave et vaillant
Pour inventer des choses
Inédites, colorées et grandioses
Que Maman pourra admirer
Et qui la feront rêver
Des choses qui éclairent le Paradis
Dans leurs plus beaux habits
Mais qui sont belles et réelles
Comme un arc-en-ciel

Emeritus

The little boy wanted to learn
How the world was made
Assiduous, studious and serious
Nothing seemed curious to him
He devoured science books
With an ardour full of patience
Be it physics, chemistry,
Geology or anthropology,
Nothing left him indifferent
To the point of worrying his parents
He had a passion for the stars
And the ancestral black rocks
Stories about prehistory
Embodied images without knowledge

When asked
What do you want to do later?
He would answer without hesitation
That he had found his vocation
I want to be a scientist
Tall, brave and valiant
Who'll invent things
New, colorful and grandiose
That Mom will admire
And that will make her dream,
Things that light up Paradise
In their most beautiful clothes
But are beautiful and real
Like rainbows

Plus fort

Mes cheveux autrefois dorés
Ont pris une couleur argentée
À mesure qu'ont défilé les années

Mes yeux autrefois écarquillés
Sont désormais fatigués
À mesure qu'ils ont contemplé

Mes mains autrefois raffinées
Sont aujourd'hui recroquevillées
Tant elles ont travaillé

Mes jambes autrefois élancées
Ne font plus que tâtonner
À force de monter les escaliers

Mes pieds aux souliers distingués
Trainent désormais dans des allées
Où l'heure n'est plus pressée

Étonnamment, une chose s'est amplifiée
C'est mon amour pour toi, passionné
Qui n'a jamais cessé de se renforcer

Stronger

My once golden hair
Has taken a silver color
As years went by

My once wide-open eyes
Are now tired
From contemplating

My once refined hands
Are now huddled up
From all the hard work

My once slender legs
Are just groping around
Due to going up the stairs so long

My feet in distinguished shoes
Now hang out in alleys
Where time is no longer hurried

Surprisingly, one thing has intensified
It's my love for you, passionate
Which has never ceased to grow stronger

Fin de vie

Les marchands de bétail apprêtent leurs troupeaux
Pour démarrer ce long voyage jusqu'au village
À des kilomètres de leurs beaux paturâges

Ils traversent de fabuleux paysages
Des dunes roses et sans âge
Sous un ciel bleu sans nuages

Les ombres laissées par leur passage
Annoncent un triste présage
Qui se lit sur leurs visages

La lumière envoie des flèches de merveille
Qui tapent sous un soleil exceptionnel
Les chameaux élégants tels des Rois de Carthage
Avancent nonchalants comme sous un air de Jazz
Où le saxophone langoureux et suave
Rythme leurs pas dans une danse sournoise

Les marchands arrivent enfin au village
Ils négocient les prix et l'abattage
Ils rentreront seuls ce soir
Quand il fera noir

End of life

The cattle merchants prepare their herds
To start this long journey to the village
Miles away from their beautiful pastures

They cross fabulous landscapes
Pink and ageless dunes
Under a blue cloudless sky

The shadows left by their passage
Announce a sad omen
That can show on their faces

The light sends arrows of wonder
Hitting them under an exceptional sun
Elegant camels like the Kings of Carthage
Walk lazily as if under an air of Jazz
Where the languid and sweet saxophone
Rhythms their steps in a sly dance

The merchants finally arrive in the village
They negotiate the prices and slaughter
They will return home alone tonight
When it gets dark

Elle

La vie comme on peut
La vie comme on veut
Elle vous rend heureux
Elle vous rend malheureux

La vie elle est belle
La vie elle est cruelle
Elle vous donne des ailes
Elle vous rend rebelle

La vie elle fascine
La vie elle assassine
C'est une drôle de machine
Insensée ou sublime

La vie comme je l'aime
La vie comme tu l'aimes
C'est comme un diadème
Un fabuleux système
Un poème de Verlaine
Une légende sans haine
Ou un bonheur extrême

Life

Life as we can
Life as we want
It makes you happy
It makes you unhappy

Life is beautiful
Life is cruel
It gives you wings
It takes everything

Life fascinates
Life assassinates
It's a funny machine
Insane or sublime

Life as I love it
Life as you love it
It's like a diadem
A fabulous system
A poem by Verlaine
A legend without hate
Or extreme happiness

Musicien

Assis dans le silence de la nuit

Il fabriquait de tout petits bruits

Avec les cordes de sa guitare

Qu'il accordait dans le noir

Les notes défilaient avec leurs sons

Chacun destiné à bercer une émotion

Elles filaient comme des étoiles

À l'unisson ou en freestyle

Il écrivait sa partition

Comme une prescription

Qui guérirait les plus malades

Et résonnerait comme une balade

Ceux qui l'écouteraient

Se réjouiraient en secret

Ou danseraient dans la joie

Comme on faisait autrefois

Assis dans le silence de la nuit

Il fabriquait de tout petits bruits

Qui se transformaient en notes

De bonheur non-stop

Musician

Sitting in the silence of the night
He crafted very small noises
With the strings of his guitar
Which he tuned in the dark

The notes scrolled with a sound
Each intended to rock an emotion
They spun like stars
In unison or freestyle

He wrote his music down
Like a potion or a prescription
That would heal the sickest
And echo like a stroll

Those who would listen to it
Would secretly rejoice
Or dance joyfully
Like we used to

Sitting in the silence of the night
He crafted very small noises
Which he turned into notes
Of happiness non-stop

Lecture

Dans le livre que tu m'as donné
Et qui m'a tout appris
Tout est écrit
Comme si tu me parlais

Il m'a tout dit et tout montré
Ce que je devais faire
Pour ne pas tomber
Et pour te plaire

Il m'a révélé toute la beauté
Que tu m'as offerte
Quand je t'ai regardé
Par cette grande fenêtre

Dans le livre que tu m'as donné
Il y a une histoire unique et rare
Qui se déroule en instantané
Dans le ciel et les étoiles

Reading

In the book you gave me
That taught me all I know
Everything is written
Like a blessed echo

It said and showed
All I had to do
To please and delight you
Without losing you

It revealed all the beauty
That you offered me
When I looked and bowed
To this window opened

In the book you gave me
There's a rare story
Unfolding like fairy tales
In the sky and its angels

Départ

Quand tu partiras

Pose les clés sur la table

Dans le petit pot

Où je te laissais des mots

Éteins les lumières

Et ferme les volets

Comme quand je te disais

Qu'il fallait tout ranger

Prends ton manteau

Et le vieux chapeau

Que je préférais

Car il te rendait gai

Quand tu sortiras

Ne te retourne pas

Tu ne verras que mes yeux

Soudain devenus brumeux

Et si tu reviens

Sache que dans un coin

Tu retrouveras les clés

Et mes larmes envolées

.

Departure

When you go away
Leave the keys on the table
In the little pot
That used to keep my notes

Turn off the lights
And close the windows
Like when I'd say
Please, put everything away

Take your coat
And your old hat
The one that made you
Look like a happy guy

When you go out
Don't look back
You'll only see my eyes
Turn like foggy clouds

And if you're back
Know that in a corner
You'll find the keys as ever
And my tears disappeared

Envoie-moi une photo

Envoie-moi une photo
Que tu as prise aujourd'hui
Au réveil en solo
Barbe et cheveux gris

Je veux voir tes rides
Tes yeux sortis de l'invisible
Tes pas au ralenti
Et les signes de la nuit

Je veux voir la trace du temps
Qui a versé son poids
En te débattant
Pour ne pas être sa proie

Même si tu ne resplendis pas
Même si je ne suis pas là
Tu sais quoi ?
Envoie-moi une photo de toi

Send me a picture

Send me the picture
That was taken today
When you woke up alone
Your beard and hair all grey

I want to see your wrinkles
Your eyes out of the invisible
Your slow walking
And the rest of the night

I want to see the sign of time
That was not always kind
And at times made you cry
Not to become its prey

Even if you don't shine
Even if I'm not here
You know what?
Send me a picture of yourself

Peter Pan

Dieu qu'ils sont beaux ces enfants
Qui vivent dans des camps
Où tout leur semble grand

Ils n'ont plus de parents
Depuis très longtemps
Et pleurent en suffoquant

Ils sourient difficilement
Et souffrent intérieurement
En prenant le bol qu'on leur tend

Assis seuls ou sur un banc
Ils observent tristement
Ces gens vêtus de blanc

Ils grandiront sans enchantement
Pendant les hivers glaçants
En attendant le printemps

Ils gambaderont en rêvant
D'être comme Peter Pan
Dans un monde sans méchants

Peter Pan

God how beautiful these children are
Who live in refugee camps
Where everything is giant

They lost their parents
Ages ago
And look for them with sorrow

They smile hesitantly
And suffer internally
When they are fed with pity

Sitting alone or on a bench
They sadly observe
These people dressed in white

They will grow without enchantment
During icy winters
Waiting for heated springs

They will frolic while dreaming
To be like Peter Pan
In a world without bad guys

Même si…

Même si ce n'est pas facile

Tu le trouveras quelque part

Dans un bois ou en ville

Mais il te frappera

Même si tu ne le vois pas

Il tournera autour de toi

Comme une drôle d'aura

Qui te couronnera

Même si tu ne le reconnais pas

Il te pincera au plus profond

Jusqu'à avoir mal de joie

Lorsqu'il te confondra

Même s'il porte un autre nom

Ou s'il te joue des tours

Il sera toujours bon

Car il s'appelle l'Amour

Even if...

Even if it is not easy
You'll find it somewhere
In the woods or in the city
But it will strike you

Even if you don't see it
It will revolve around you
Like a funny aura
That will crown you

Even if you don't recognize it
It will pinch you deep down
Until you get sick with joy
When it confuses you

Even if it has another name
Or plays tricks on you
It will always be good
For it is called Love

Toi

Si je parle de toi

C'est parce que tu es en moi

Si je pense à toi

C'est parce que tu me parles tout bas

Si je regarde le Ciel

C'est parce que je sais que tu es là

Que tu me protèges et me voit

Et si je t'attends avec toute ma foi

C'est parce que je sais que tu viendras

Tu me prendras et tu m'aimeras

Que nous irons pas à pas

Là où la vie nous appartiendra

Là où le temps s'arrêtera

Là où nous ne serons que toi et moi

You

If I speak of you
It's because you're in me
If I think of you
It's because you speak to me
If I look at the sky
It's because I know you're there
That you protect me and see me
And if I wait for you with all my faith
It's because I know you will come
You will take me and love me
We shall go step by step
Where life belongs to us
Where time stops
Where we are only you and I

Ne m'oublie pas

Si je t'écris tous les matins
Pour te dire que tout va bien
C'est pour que tu ne m'oublies pas

Si je t'imagine près de moi
Comme un prince ou comme un Roi
C'est pour deviner ta voix

Si je regarde le bleu du Ciel
Comme un présent universel
C'est pour invoquer l'immortel

Jamais je ne cesserai de te chercher
De t'explorer et de t'inventer
Car tu m'as tout donné
Et je voulais seulement te demander
De ne pas me délaisser et de m'aimer
Comme je l'ai rêvé
Comme je l'ai prié

Don't forget me

If I write to you each morning
To tell you that I'm fine
It's so that you don't forget me

If I imagine you near me
Like a prince or like a king
It's to guess your voice

If I look at the blue of the sky
Like a universal award
It's to invoke the immortal

I will never stop looking for you
To explore and invent you
For you have given me everything
And I just wanted to ask you
Not to abandon me and to love me
As I dreamt it
As I prayed for it

Quelqu'un comme toi

Je veux quelqu'un comme toi
Qui me montrera la voie
L'éclairera et l'illuminera
Comme une fiesta
Ou une Dolce Vita

Je veux quelqu'un qui me comprenne
Et qui lit dans mes joies et mes peines
Avec pudeur, bonne humeur et grandeur
En m'offrant des étoiles et du bonheur

Je veux celui qui me chantera des tralalas
Quand je serai au plus bas
Et me regardera comme sa victoire
Son honneur et sa gloire

Mais avant tout, je te veux toi
Celui qui m'aime et crois en moi
Celui qui me suit pas à pas
Et qui jamais ne m'abandonnera

Someone like you

I want someone like you
Who will show me the way?
Light it up and brighten it up
Like a fiesta
Or a Dolce Vita

I want someone who understands me
Who reads in my joy and my tears?
With modesty, good humor and greatness
Offering me stars of happiness

I want the one who will sing shalalas
When I'm down and out
And look upon me as his victory
His honor and his glory

But above all, I want you
The one who loves and believes in me
The one who follows me step by step
And who will never abandon me

Cruel

Tu me manques ce soir
Est-ce que tu viendras me voir ?
Me diras tu 'Ne dors pas trop tard
Car il fait froid seule dans le noir ?

Je verse quelques larmes
De peine qui sont cruelles
En attendant celles de joie
Qui sont plus belles

Tu me manques ce soir
Je ne penserai pas trop fort
Car je veux garder l'espoir
De ton tendre réconfort

J'imaginerai que tu viendras
Sur la pointe des pieds
Et que tu me murmureras
'Je suis venu pour t'aimer'

Cruel

I miss you tonight
Will you come and see me?
Will you tell me 'Don't sleep too late
Cause it is cold alone in the dark'?

I'll shed a few tears of sorrow
The cruel ones
Waiting for those of joy
The beautiful ones

I miss you tonight
I won't think too much
Because I want to hope
For your tender comfort

I'll imagine that you come
Silently tiptoeing
And tenderly whispering
'I have come to love you'

Compatriotes

Les hommes de mon pays m'ont tout appris
Ils sont plus grands que des génies
Être dignes et nobles est leur seul souci

Les hommes de mon pays m'ont tout donné
L'amour de la vie ici et dans l'éternité
Jamais ils ne me feront tomber

Les hommes de mon pays m'ont tout montré
Des mains qui donnent sans regretter
Un cœur qui vibre sans jamais heurter

Ils sont si beaux et si grands
Quand ils défendent leurs enfants
En les protégeant tendrement

Mais surtout, ils sont doux et fabuleux
Et ne cessent jamais de raviver ce feu
Qui brille et brûle au fond de leurs yeux

Compatriots

The men of my country have taught me everything
They are greater than geniuses
Their only concern is to be worthy and selfless

The men of my country have given me everything
The love of life here and through eternity
They will never let me down

The men of my country have shown me everything
Hands that give without regretting
A heart that vibrates without ever hurting

They are so beautiful and so great
When they defend their children
Protecting them nice and tender

But above all, they are sweet and fabulous
And never stop rekindling that fire
That shines and burns in their eyes

Minuscules

Non, je ne suis pas inquiète

Demain viendra et nous serons là

Nous n'avons pas fini le voyage

Ce si beau voyage que l'on partage

Sur des vagues fortes et douces à la fois

Regarde n'aie pas peur

Nous sommes si petits

Comme les lecteurs

De Merlin l'Enchanteur

Les spectateurs de Oui-Oui

Ou les lilliputiens de Gulliver

Certains moments ressemblent à des chansons

Remplies de notes, de chœurs et de tralalas

Qui donnent envie de danser le cha-cha-cha

D'autres ont le goût de miel

Avec à l'intérieur des zests de bonheur

Et des odeurs divines et confidentielles

Comment puis-je te l'expliquer au mieux ?

Oh ! Je sais, c'est comme regarder le Ciel

Tiny

No, I'm not worried

Tomorrow will come and we will be there

We haven't finished the journey

This beautiful journey that we share

On waves strong and gentle at the same time

Look don't be afraid

We are so small

Like the readers

Of Merlin the Enchanter

The spectators of Oui-Oui

Or the lilliputians in Gulliver

Some moments are like songs

Filled with notes, choruses and shalalas

That make you want to dance the cha-cha-cha

Others taste like honey

With zests of happiness inside

And divine and confidential smells

How can I best explain it?

Oh, I know, it's like looking at Heaven

Mots doux

Quand tu me diras des mots doux
Crois-moi, je les chanterai partout
Ils iront de ton cœur au mien
Et respireront ton parfum

Ils s'envoleront si loin
Que seul un magicien
Pourra les retrouver
Pour me les ramener

Ils diront que toi et moi
Ce n'est pas qu'une simple histoire
C'est plus qu'une Fantasia
Dans laquelle tu es mon Roi

Ils caresseront les cœurs
De tous les gens qui pleurent
Et guériront les douleurs
Pour installer le bonheur

Sweet words

When you tell me sweet words
Believe me, I'll sing them everywhere
They'll go from your heart to mine
And they will borrow your smell

They'll fly so far away
That only a magician
Will find them
To bring them back to me

They'll say that you and I
It's not just a story
It's more than a Fantasia
In which you are my King

They'll caress the hearts
Of all the people who cry
And heal their sorrow
To make a brighter tomorrow

Écris-moi une lettre

Écris-moi une lettre
Que je recevrai
Le cœur en fête
Lorsque je la lirai

Écris-moi que tu vas bien
Et que je te manque
Comme dans un drame shakespearien
Où la fin est piquante et fascinante

Écris-moi que je suis la seule
Que tu veux voir comme Hubble
Et ses images cosmiques
Puissantes et magiques

Écris-moi que je suis tout pour toi
Et qu'un jour tu seras moi Roi
Pour lequel j'ai tant prié Allah
Et qui m'aimera et m'aimera
Comme un forçat
Comme Kahina
Comme Mona Lisa
Comme ta diva

Write me a letter

Write me a letter
That I will receive
With a happy heart
When I read it

Tell me that you are well
And that you miss me
Like in a Shakespearean drama
Where the ending is just fascinating

Tell me that I'm the only one
That you want to see like Hubble
And its cosmic images
Powerful and fantastic

Tell me that I am everything to you
And that one day you will be me King
For whom I have prayed Allah so much
And who will love me and love me
Like a criminal
Like Kahina
Like Mona Lisa
Like your diva

Seule

Comme les autres
Tu t'es emballé quand tu m'as rencontrée
Dans ce petit café Rue de la Gaité

Comme les autres
Tu m'as appelé bébé et même ma fée
En me regardant bouche-bée

Comme les autres
Tu as promis juré de m'aimer
Comme un fou et pour l'éternité

Comme les autres
Tu accourais pour me dorloter
À la fin d'une longue journée

Comme les autres
Tu t'es fatigué et lassé
Puis tu t'es détourné

Comme les autres
Tu ne m'as pas vu pleurer
Lorsque tu m'as quittée

Alone

Like the others
You were excited when you met me.
In this small café Rue de la Gaité

Like the others
You called me baby and even my fairy
And gazed at me wonderfully

Like the others
You swore to love me
Like crazy for eternity

Like the others
You were eager to spoil me
At the end of a long day

Like the others
You got tired and weary
Then you turned away

Like the others
You never saw my tears
When you left me

Routine

Quand je te vois arriver par la fenêtre
Garer la voiture et jeter ta cigarette
Je cours me cacher derrière la porte
Que tu ouvres comme un réconfort

Tu m'appelles et me cherches
Dans chaque coin et recoin
Finit par m'attraper par la main
En m'offrant une tonne de câlins

Tu passes à table comme un notable
Tu es beau ! C'est incontestable
Mais je fais mine d'être ordinaire
Pour cacher mon tremblement de terre

Tu me regardes faire la vaisselle
Je fais semblant de bailler
Pour que tu comprennes
Que je suis ta Belle
Et que depuis ce matin
Je n'attends que le moment
Où tu me diras doucement
Allez viens ! Je t'appartiens
Je veux écouter tes Alexandrins
Et sentir ton fabuleux jasmin

Routine

When I see you through the window
Park the car and throw your cigarette
I run and hide behind the door
That you open like a comfort

You call and look for me
In every corner
Finally grabbing my hand
With tons of hugs

You sit at the table like a VIP
You're handsome! I can't deny it
But I pretend to be normal
To hide my inner earthquake

You watch me wash the dishes
I pretend to yawn
So that you understand
I am your Lady
And that since this morning
I'm only waiting for the moment
When you tell me gently
Come on! I belong to you
I want to listen to your alexandrines
And smell your fabulous jasmine

Fortune

Il parait que nous ne sommes que de passage
Dans cet étrange et merveilleux village
Où tout se déroule sans doublage
Comme dans un fabuleux long métrage

Il parait que ceux qui auront fait du mal
Et qui auront vécu sans morale
Se présenteront devant un tribunal
Où ils prendront une peine maximale

Il paraît que les gens de bien
Même ceux qui n'avaient rien
N'auront plus jamais faim
Et seront entourés de baladins

Sais-tu seulement où on ira
Lorsque tout se terminera ?
Je prendrai un grand cabas
Pour y transporter mes Alléluia

Tu viendras avec moi, n'est-ce pas ?
Peut-être dans un Sultanat
Un tableau de Goya
Ou une tapisserie royale

Vois-tu, je n'ai jamais douté
Que ce jour de beauté
Viendrait me caresser
Car il était écrit et destiné

Fortune

They say that we are only passing through
In this strange and wonderful village
Where everything happens without dubbing
Like in a fabulous feature film

They say that those who have done evil
And who have lived without morals
Will appear before a court
Where they'll get the maximum sentence

They say that good people
Even those who had nothing
Will never be hungry again
And will be surrounded by balladeers

Do you know where we'll go
When it all ends?
I'll take a big bag
To pack all my Hallelujahs

You'll come with me, won't you?
Maybe to a Sultanate
A painting by Goya
Or a royal tapestry

You see, I never doubted
That this day of beauty
Would come to caress me
For it was written and destined

Art work : Akim Bouri

Mon pays

Laisse-moi te raconter l'histoire
De ce pays qui est une victoire
Que les hommes ont cueillie et chérie
Le libérant d'une triste tyrannie

Laisse-moi te dire combien
Ils se sont battus pour son bien
Pour le rendre aussi tendre
Qu'un bouquet de lavande

Si je te le dessine
Tu verras ses bédouines
Ses hommes bleus
Et son désert gracieux

Laisse-moi te raconter
Ce pays qui est de toute beauté
Celui où je veux mourir et vivre
Comme dans un rêve magique et ivre

My country

Let me tell you the story
Of this country which is a victory
That men have braved and cherished
Releasing it from a sad tyranny

Let me tell you how much
They fought for its good
To make it as tender
As a bunch of lavender

If I draw it
You'll see its Bedouins
Its blue men
And its graceful desert

Let me tell you about
This country which is a beauty
Where i want to live and die
As in a dream magic and tasty

Périple

Pourquoi cet homme voyage

Avec ou sans bagages

Seul ou en équipage

À Rome ou à Carthage ?

Pourquoi je m'imagine

Que c'est moi qu'il cherche

Pour que je le bouleverse

Et d'un geste le renverse ?

Je me surprends à rêver

Qu'il finira par me trouver

M'enlever et m'inviter

Dans ses belles pensées

Jaunes, bleues ou violettes

Semblables à de jolies comètes

Qui brillent et animent les planètes

Je me surprends à inventer

Une autre réalité

Sans actualités, sans gravité

Où tout est léger, raffiné

Et emprunt de beauté

Journey

Why does this man traveil

With or witoout luggage

Alone or with a crew

To Rome or Carthage?

Why do I imagine

He's looking for me

To surprise him

And with a move knock him down?

I enter into a reverie

Where he will eventually find,

Capture and invite me

Into his beautiful thoughts,

Yellow, blue or violet

Like pretty comets

That shine on each and every planet

I enter into a reverie

Another reality

Withtout news, without gravity

Where everything is refined, sunny,

And full of beauty

Quelque part

Si le Bonheur est quelque part

Moi aussi je veux ma part

J'en prendrai un morceau

Comme le gâteau

Dont l'enfant est accro

Comme le mégot

Que savoure le clodo

Comme l'apéro

Que siffle l'alcoolo

Je le chercherai

Incognito

Seule ou en duo

En faisant le tour du Globe

S'il le faut

Et quand je le trouverai

Il me dira Bravo !

Mais surtout

J'en donnerai un peu aux autres

Somewhere

If happiness is somewhere

I too want my share

I'll take a piece

Like the cake

The child is addicted to

Like the cigarette butt

That the bum savors

Like the aperitif

That the drunk whistles

I'll look for it

Incognito

Alone or in duet

Going around the Globe

If I have to

And when I find it

It will tell me Bravo!

But above all

I'll share it with others

CPSIA information can be obtained
at www.ICGtesting.com
Printed in the USA
BVHW051311250521
608095BV00006B/1515